訳文庫

ぼくはいかにしてキリスト教徒になったか

内村鑑三

河野純治訳

kobunsha classics

光文社

Title : HOW I BECAME A CHRISTIAN
1895
Author : Kanzo Uchimura

『ぼくはいかにしてキリスト教徒になったか』 目次

訳者まえがき

本書『ぼくはいかにしてキリスト教徒になったか』（原題 *HOW I BECAME A CHRISTIAN : Out of My Diary*）は、明治大正期の日本を代表するキリスト教思想家、内村鑑三が、日記を基に綴った若き日の自伝である。武士の家に生まれ、厳格な儒教教育を受けた内村が、札幌農学校時代にキリスト教に改宗し、その後アメリカに渡って知的障害児施設の看護人として働き、アマースト大学で信仰を深め、ハートフォード神学校で学んだのち帰国するまでが記されている。

本書は一八九五年五月に日本で、同年十一月にアメリカで刊行された。それから約十年後の一九〇四年にはドイツ語版、一九〇五年にはフィンランド語とスウェーデン語版、一九〇六年にはデンマーク語版が翻訳出版され、ヨーロッパ北部のプロテスタント諸国で広く読まれたほか、フランス語にも翻訳された。

アメリカでの出版を想定して、原文は英語で書かれており、著者は自分が日本人であることを（途中まで）隠している。そのため、以下のことを念頭に置いてお読みいただきたい。

本文にある「異教国」とは主に日本を指し、したがって「異教」とは儒教・神道・仏教のことである。同様に「偶像」という言葉もたびたび登場するが、これも神仏の像や仏壇・神棚などを指していると思われる。前半にくりかえし登場する「S」は札幌、「首都」は東京、そして「大学」「学校」は札幌農学校のことである。

人名のほとんどは頭文字や「あだ名」で記され、地名も実際とは異なる名前で書かれているが、重要と思われるものには訳注を付した。なお人名については岩波文庫『余は如何にして基督信徒となりし乎』、中公バックス『日本の名著38　内村鑑三』を参照した。

聖書の引用は主に新共同訳に拠った。また、聖書や教義に関する記述で非キリスト教徒には難解と思われる部分にも、できるだけ訳注を付した。

文脈に即して適宜、改行を増やした。

ぼくはいかにしてキリスト教徒になったか

激励

正直さ、心の真の純真さ、どんなときでもこれほど貴重なものはない！　心の内をありのままに語る者には、いかなる障害があろうとも、きっと耳を傾ける人々があらわれるだろう。

——トーマス・カーライル

ぼくの魂を天国に導くために
神に遣わされた使者として
頭文字その他の形で本書に登場する
すべての善良な人々に
罪人《つみびと》の頭《かしら》の書いた小著を
心からの親愛をこめて捧げる

序

アメリカに滞在しているとき、幾度となく宗教的な集会に招待され、十五分以内で何か話してくれと言われた（主賓である大先生が時間の大半を講演に使うことになっていたからだ）。そこでぼくは司会者（ご婦人のときもあった）によくこう尋ねた。

「みなさんはぼくからどんな話をお聞きになりたいのでしょう」

いちばん多かったのはこんな答えである。

「あなたがどのようにして改宗したかを話してくれればよろしい」

言われるたびに、どうやってその求めに応じればいいのか、途方に暮れた。なぜなら、キリスト教に接するようになってから、ぼくの魂に起こった凄まじい変化について、「十五分以内」で話すのはとうてい無理だったからだ。じつは、キリスト教社会では、異教徒の改宗はつねに、好奇の目とは言わないまでも、驚きの目で見られている。だから、どのようにして「異教の偶像を火に投げ入れ、福音にすがるようになったか」について、彼らがこのぼくにも生き生きとした体験談を求めてくるのは当然のことなのだ。

しかし、ぼくの場合、他の多くの改宗者ほど簡単には考えを変えなかった。われを忘れて恍惚《こうこつ》となったり、突然、霊的啓示を受けたりした瞬間がなかったわけではないが、ぼくの改宗はゆっくりと少しずつ進んでいった。一日で改宗したわけではないのだ。偶像の前にひれ伏すことをやめてからも長いあいだ、そう、洗礼を受けた後も長いあいだ、ぼくはキリスト教のさまざまな基本的な教えを信じていなかった。しかし今では、その教えを信じることが、キリスト教徒を名乗るうえで不可欠だと思っている。それでも「わたしは、既にそれを得たというわけではなく」〔新約聖書「フィリピの信徒への手紙」三章十二節〕である。そして、神がイエス・キリストを通じて褒美としてぼくを天に召して下さるその日を目指してひたすら走りながらも、今の自分の立場はまだ異教徒だと考えるべきかどうか、わからずにいるのだ。

これから述べるのは、ぼくが経験してきた精神的成長のさまざまな段階についての正直な告白である。読者はどうかこの文を、人が心の内を飾りなく表現したものとして受けとめ、それが書かれた言葉の拙なさについては大目に見ていただきたい。なぜならそれは母から口伝えに教わった言語ではないのだし、また美文を書くことは、ぼくがこの世を生きるための生業ではないのだから。

著者　ヨナタン・X

太平洋のある島にて

一八九五年五月一日

ぼくはいかにしてキリスト教徒になったか——ぼくの日記より

緒言

　これから書くのは、ぼくがどのようにしてキリスト教徒になったか、であり、なぜ、ではない。いわゆる「改宗の哲学」はぼくの主題ではない。ぼくはただその「現象」を説明し、ぼくよりも哲学的思索の訓練を受けた人々に材料を提供するだけだ。

　ぼくには早くから日記をつける習慣があり、思い浮かんだ考えや身に起こった出来事をすべて書きとめていた。そうして自分自身を注意深く観察してみると、それまで研究してきた何よりも不可解なものだった。ぼくは自身の進歩と発展、転落と後退、歓喜と希望、罪と闇を書きとめた。このような観察にはありとあらゆる恐ろしさがつきまとったが、それにもかかわらず、それまで経験したどんな研究よりもはるかに興味深いと思った。

ぼくはこの日記を「航海日誌」と呼んでいる。そこにはこの憐れな小舟が罪と涙と数々の苦悩の中を天上の港に向かって進んでいく日々が記されているからだ。

あるいは「生物学者のスケッチブック」と呼んでもいいだろう。そこには一つの魂のあらゆる形態学的、生理学的変化の記録が保存され、一粒の種が穂をいっぱいに出したトウモロコシになるまでの発生学的発達が描かれている。

そうした記録の一部が今、世間に発表されるのだ。読者はそこから自分の好きなように結論を導き出してよいのである。さて、ぼくの日記は、ぼくがキリスト教を受け入れるわずか数カ月前から始まる。

第一章　異教

ぼくは、グレゴリオ暦で言うと、一八六一年三月二十三日に生まれた。ぼくの家は武士階級に属していた。だからぼくが生まれてきたのは戦うため——「生きることは《ウィーウェレ・エスト・》戦うこと《ミーリターレ》」というセネカの言葉のとおり——だった。赤ん坊のときからそうだったのだ。

父方の祖父はどこからどう見ても武士だった。祖父は、重い鎧《よろい》に身を固め、竹の弓とキジの羽のついた矢、重さ二十キロ以上もある火縄銃という姿で人前に出るときが、いちばん幸福だった。国が平和であることを嘆き、自分の使命である戦争に一度も参加できなかったことを無念に思いながら死んだ。

父は祖父よりも教養があり、優れた詩を書くことができ、人を統率する技術に長《た》けていた。父もまた並々ならぬ武芸の才の持ち主で、ひどい荒くれ者の一部隊を見事に指揮することができた。

——母方の祖父は根っからの正直者だった。それどころか、正直のほかにはほとんど取り柄のない人だった。ただし、このすばらしき利己主義の世紀にあって、正直を取り柄と呼べるならの話だが。祖父にはこんな話がある。あるとき上司である金庫係から、いくらかの公金を人々に高利で貸し付けるように命じられた（地方の小藩の金庫係にはごく普通に見られる習慣で、もちろん利息はすべて金庫係が懐に入れていた）。祖父は賢明にも、指示に逆らって上役たちの気分を損ねるようなことはしなかったが、とても実直な人だったので、貧しい人々に法外な利息を押しつけたりはしなかった。貸し付けたはずの金は手元にしまっておいて、満期になると自腹を切って高い利息を乗せ、その金を高利貸しの上役に返したという。

祖父はまた厳格な禁酒家でもあった。一生のあいだに口にした酒はせいぜい盃に二十杯ほどであろう。それも医者に勧められたときだけだった。

——母方の祖母は、この正直で欲のない男にふさわしい連れ合いだった。祖母が生まれてきたのは働くため——「生きることは働くこと《ウィーウェレ・エスト・ラボラーレ》」——だった。四十年間、か弱い人間が働けるかぎり働いた。五十年、寡婦生活を送り、五人の子を自分の手で育て、教育した。隣人に対して不誠実だったことは一度もなく、借金を作ったこともない。今は八十四歳で、世間の雑音と騒音に耳を閉ざし、くぼんだ目をいつも涙で濡らし、かくも勇敢に戦い抜いてきた人生から、死が解放してくれるのを静かに待っている。「異教」の世界には、このような気高い悲哀というものがあるのだ。未熟で無知な人間には、神学や哲学を論じることはできても、祖母のように尊い人について、とやかく言う資格はない。どうか神の霊だけが祖母を導いてくれますように。そうすれば、多くの試練に耐えた祖母の魂にはどんな災いも降りかかることはないだろう。*

——母はこの祖母から仕事に熱中する性質を受け継いでいる。仕事の中で人生のすべての苦しみと悲しみを忘れる。母は、憂鬱になっている暇がないほど苦労の多い生活を送る人々の一人である。母の小さな家は母の王国であり、母がすべてを取りしきり、洗い物をし、家族に食事を食べさせる。どんな女王もそこまでしたことはないだろう。

*原注　この祖母は、ぼくがこの本の準備をしているあいだに、静かに世を去った。

以上がぼくの出自であり、ぼくを作りあげた精神である。しかし、ぼくの「宗教的感受性」の起源をさかのぼっても、この中の誰にもたどりつくことはない。それはぼくが少年時代の早い時期に自ら獲得したものである。

父はありとあらゆる異教の神々を明らかに冒瀆《ぼうとく》していた。あるとき父は寺の賽銭箱《さいせんばこ》に一文銭を投げ入れ、いかにも馬鹿にしたようにこう言った。係争中の訴訟にどうにかして勝たせてくれたら、もう一つこんな一文銭をくれてやろう、と。――まだ異教徒だった頃であれ、キリスト教に改宗した後であれ、ぼくにはとてもできない芸当だった。

しかし、ぼくはいつも神に感謝している、人肉を味わったことがないことを、ジャガンナート[1]の車輪の前にひれ伏したことがないことを、そして、赤ん坊がワニに食われるのを目撃したことがないことを。

子供の頃には、ぼくの秘めた心を優しく感化してくれるようなありがたい教会の日曜学校はなかったけれど、キリスト教国ではごく普通のことだった拝金主義や、酒の密売の恐ろしい災いの影響をあまり受けずにすんだ。子供らしい情熱の激しさを静めてくれる福音物語はなかったけれど、人々を若死にに追いやる、いわゆるキリスト教世界の興奮と狂騒は、ぼくの知らないことだった。異教は暗闇の世界だけれど、それは月と星の世界なのであり、かすかな光の世界なのである。と同時に、穏やかでそこそこ純真な世界でもある。

父は優れた儒学者で、孔子の文章や言葉の一節一節をほとんどすべて暗誦することができた。だから当然、ぼくの子供時代の教育はその線に沿ったものになった。そして、中国の賢人たちの倫理・政治的な教訓を理解することはできないにしても、その教えのおおまかな考え方は吹きこまれていた。主君への忠誠、親や師への信義と尊敬が中国倫理思想の中心テーマだった。孝行はあらゆる美徳の基だと教えられた。「主を畏れることは知恵の初め」［旧約聖書「箴言」一章七節］というソロモンの教えに似ている。

1　ヒンドゥー教の神クリシュナの別名。インドのオリッサ州プリーの祭では、神像を乗せた山車に轢かれると極楽往生できるという言い伝えがあり、信者たちが車輪の下に身を投げ出したと言われる。

冬のさなかに柔らかい筍《たけのこ》が食べたいという年老いた親の無理な要求に応えて竹林の中を探し回ったところ奇跡的に雪の下から筍が生えてきたという孝行息子の物語は、ぼくの国のすべての子供たちの記憶に鮮やかに残っている。キリスト教国の子供たちがみんなヨセフの物語[2]を憶えているのと同じである。

親の横暴や抑圧でさえ、おとなしく耐えなければならなかった。その具体的な例として昔の偉人たちの行いが数多く引用された。

――主君への忠誠は、とくに戦争のときには、ぼくの国の若者の倫理観では、ひときわ熱烈なものとなった。危急のさい、主君に呼ばれて仕えるときには、自分の命は塵《ちり》のように軽いものとみなさなければならなかった。そして、最高の死に場所は、主君の跨《またが》る馬の前であり、自分の屍《しかばね》がその馬の蹄《ひづめ》に踏みつけられれば、このうえなく喜ばしいことなのである。

これらに劣らず重要なのは、若者が師（知的・道徳的指導者）に抱く尊敬の念だった。若者にとって師とは、報酬をもらって教える、たんなる学校教師や大学教授のことではない。肉体と精神の育成をすっかり委ねることができ、そして委ねるべき真の先生《ディダスカロス》[3]なのだ。主君、父、師は、若者にとっては三位一体の存在だった。若者の頭の中では、この三者に優劣はなかったから、もしも三人が同時に溺《おぼ》れそうになっていて、自分にはそのうち一人しか救えないとしたら誰を救うか、というのが若者を最も悩ませる問題であった。だから主君、父、師の敵《かたき》は当然、自分の敵であり、ともに天を戴《いただ》くことは許されなかった。地の果てまでも追いかけ、復讐を果たさなければならなかった。目には目を、歯には歯を、である。

目上の者への服従と尊敬を厳しく叩きこむからといって、東洋の教えに同輩や目下の者との関係についての言及がないわけではない。友には誠実に、兄弟は仲良く、目下の者や配下の者には寛大に、といったことが強く求められている。

異教社会では女性への虐待がよく見られるが、道徳律によってそのようなことが奨励されているわけではなく、また、この問題が完全に無視されているわけでもない。

2　旧約聖書「創世記」三十七〜五十章で語られる物語。ヨセフはイスラエル民族の祖ヤコブの十一番目の息子として生まれ、父から特別な寵愛を受けたが、兄たちのねたみを買ったために隊商に売りとばされ、エジプトの役人の家で奴隷として働くことになる。数多の試練を経て、ついにエジプトの宰相となると、国を飢饉から救い、父や兄弟たちと再会する。

3　ギリシャ語で「先生」「教師」の意。尊敬をあらわす語。

ぼくらが思い描く母、妻、姉妹の理想像は、キリスト教における最高の女性像と比べても、さほど遜色《そんしょく》はない。中にはその行いや人格がずば抜けて優れた婦人もいる。しかも、彼女たちは人の品性を高めるキリスト教の影響をまったく受けていないのである。その事実を考えると、なおいっそう彼女らには感嘆させられる。

こうしたさまざまな教えは、キリスト教徒を名乗る多くの人々に伝えられ共有されている教えと比べても劣るものではないと、心から信じているが、それでもぼくは、多くの弊害や迷信を免れたわけではない。

中国倫理思想の最大の欠点は、性道徳を論じるときの弱さである。純潔の美徳についてまったく何も語らないわけではないが、純潔の律法に違反した場合に一般的な扱われ方や違反者に対する黙認は、結果として、そうしたことへの世間一般の無関心を招いた。

厳密な意味での一夫多妻制は、東洋人には考えも及ばないことだが、いっぽう愛人を囲うことは、けっきょく一夫多妻制と同じことなのに、せいぜい道徳を重んじる人々からごくやんわりと非難されるだけだ。父から聞かされた義務と大望《たいもう》についての厳粛な教えの中にも、競って勉学と仕事に励み、たくさんの愛人を囲える身分になれ、といった言葉があった。貞操観念がなくても、偉大な政治家、偉大な学者になれるのである。素面《しらふ》で国の政治を預かっていた者が、酔っぱらって愛人の胸を枕にするということもあるのだ。

多くの場合、鋭い知性と強い名誉欲にはまぎれもない不品行がつきものなのである。わが国と同様、他の国々にも暗部があることをまったく知らないわけではないが、純潔の問題を論じるとき、中国倫理思想が無力だということは断言できる。

しかし、過ぎし日々を今こうしてふりかえるとき、かつて自分が手探りで生きていた精神的暗黒ほど、ぼくに大きな屈辱を感じさせるものはない。その暗黒は、はなはだしい迷信によっていつも支えられていた。

ぼくは信じていた。しかも心から信じていた。無数にある神社にはそれぞれの神がいて自分の領分を必死に守ろうとしており、戒律を破る不届き者にはかならず罰をあたえるのだ、と。

ぼくが最も崇敬し、崇拝していた神は、学問と手習いの神だった。毎月二十五日にはしかるべき儀式と捧げ物でその神を手厚く祀《まつ》った。ぼくはその像の前にひれ伏し、書が上達しますように、記憶力がよくなりますようにと熱心に助力を願った。

それから、稲作を司る神もいる。その神が人間に遣わす使者は白い狐である。この神にはわが家を火事や泥棒からお守りくださいと祈願することができる。父は留守がちだったので、家にはぼくと母ふたりきりのことが多かった。だからぼくはこの稲作の神に、つましいわが家をこうした災難から守ってくれるように祈ってやまなかった。

ほかにも、ぼくにとって他のどの神よりも恐ろしい神[4]がいた。カラスの紋章を持つその神は、人の心の奥底を見抜く神だった。その神社の神主は参拝者に、くすんだ色のカラスが刷られたお札《ふだ》を授けた。お札そのものに奇跡を起こす力が備わっており、嘘つきがこれを呑みこむと、すぐさま胃袋から出血するという話だった。ぼくの主張が仲間から疑われるようなことがあると、だったらそのお札を使ってぼくの言うことが本当かどうか確かめようと言って、みんなの前で自分の正しさを証明して見せたものだ。

さらに別の神は、歯痛で苦しむ人々を癒す力がある。ぼくはその神にも祈願した。この痛みを伴う病にいつも苦しんでいたからだ。祈願する者は梨を食べないという誓いを立てなくてはならなかった。その神はとくに梨が嫌いなのだ。そして、もちろんぼくも、求められたとおりに喜んで梨を断った。

のちに化学、毒物学を学んだとき、梨を断つことには正当な科学的根拠があることを知った。ブドウ糖が進行中の虫歯に有害な働きをすることはよく知られている。しかし、異教の迷信がすべてそんなふうにうまく説明できるわけではない。ある神は卵を断てと言い、ある神は豆を断てと言う。そうしてさまざまな神に誓いを立てると、少年期のごちそうの多くが、禁止リストに入ってしまった。神がたくさんいると、ある神の要求と別の神の要求が矛盾するということがよく起こった。悲しいかな、二つ以上の神を満足させなければならないとなると、まじめな者は困り果てるのである。それほど多くの神を満足させたり、なだめたりしなければならなかったので、ぼくは自然と落ち着きのない臆病な子供になった。

ぼくはすべての神に捧げられる共通の祈りを考案し、もちろん、神社の前を通りかかったときには、それぞれの神にふさわしい特別な願いをつけくわえた。毎朝、顔を洗うとすぐに、四つの方位に位置する四つの神々の集団それぞれにこの共通の祈りを

4　熊野権現のこと。カラス（八咫烏《やたがらす》）はその使者とされ、神社の護符にはカラスの意匠が用いられる。

神なのだ。

捧げ、とくに東の神々には念入りに祈った。昇る太陽はすべての神の中で最も偉大な

神社がいくつも並んでいるところでは、同じ祈りを何度もくりかえすのがとても面倒だったので、遠回りでも神社の少ない道を選び、良心の呵責《かしゃく》を感じることなく、祈りをくりかえす手間を省こうとしたものだ。崇拝すべき神々の数は日に日に増えていき、やがて、ぼくの小さな魂ではとてもすべての神々を満足させることはできなくなった。

しかし、ついに救いが訪れた。

第二章　キリスト教との出会い

ある日曜日の朝、級友の一人から「外国人居留地内のある場所」にいっしょに行ってみないかと誘われた。「きれいな女の人たちが歌うのを聞くことができるし、長いあごひげを生やした背の高い大男が壇上に立って叫んだり、わめいたり、何とも奇妙な格好で腕を振りまわしたり、身体をよじったりしている。しかも入場は無料だ」

級友がそのように説明したのは、キリスト教の礼拝所のことだった。そこでは、初めて耳にする言語で礼拝が行われていた。友人に連れられて出かけたぼくは、その場所がけっこう気に入った。毎週日曜日になると、この場所を訪れるようになった。そうした習慣が恐るべき結果をもたらすとは知るよしもなかった。

初めて英語を教えてくれたイギリスの老婦人は、ぼくが毎週、教会に通ってくるのをたいそう喜んだが、本当はぼくはただ見物に来ているだけで、真理を求めに来たわけではない、ということを彼女は知らなかった。ぼくはこの教会通いを「居留地への日曜遠足」と呼んでいた。

キリスト教はぼくにとって、それを受け入れるよう求められないかぎりは、楽しいものだった。音楽、物語、信者たちが示してくれる親切は、ぼくを大いに喜ばせた。しかし、それから五年後、信仰を受け入れるよう正式に提案され、厳しい戒律を守り、多くの犠牲を払うことを求められると、そのような針路に身を任せることに心底から抵抗を覚えた。

とくに宗教的な目的のために週七日のうちの一日をあけておかなくてはならない、しかもその日は他の勉強や娯楽にはいっさい手を出してはならない、というのは、ぼくにはほとんど不可能な犠牲のように思えた。

そして、新たな信仰を受け入れることに抵抗したのは肉体だけではなかった。ぼくは幼い頃に、他のどの国よりも自国を尊重し、自国の神々を崇拝せよ、それ以外の神を崇拝してはならないと教えられた。たとえ死をもってしても、ぼくに自国以外の神への忠誠を強要することはできないと思った。外国を起源とする信仰を受け入れることで、ぼくは国への反逆者となり、国の信仰に背くことになる。それまで義務と愛国心という観念の上に築きあげられてきた気高い志はすべて、そのような改宗の提案によって打ち砕かれることになる。

ぼくは当時、新しくできた官立大学［札幌農学校］[1]の一年生だったが、そこでは、あるニューイングランドのキリスト教徒の科学者の努力によって、上級生（当時は全校で二学年までしかいなかった）は全員がすでにキリスト教に改宗していた。二年生が「一年坊主」に対して傲慢な態度をとるのは、世界共通のことだが、それに新たな宗教的熱意と伝道の精神が加わると、憐れな「一年生」にどんな印象をあたえるか、容易に想像がつくであろう。二年生は一年生を改宗させようと嵐のように襲いかかった。

しかし、一年生の中でぼくだけが、自分は「殺到する二年生」の総攻撃に耐えられるばかりか（この場合、改宗を迫るのであって、取っ組み合いをするのではない）、

1　ウィリアム・スミス・クラーク（一八二六〜八六）。一八七六年（明治九年）来日。札幌農学校初代教頭。「Boys, be ambitious（少年よ大志を抱け）」の言葉は有名。

上級生たちをかつての信仰に引き戻すことができると考えていた。しかし残念なことに、ぼくの回りの強者《つわもの》たちは次々に倒れ、敵に降伏した。そうして「異教徒」、忌み嫌われる偶像崇拝者、木石を崇拝する救いがたい者はぼく一人になった。

ぼくが追いこまれた窮境と孤独は、今もよく憶えている。ある日の午後、ぼくは近くにある異教の神社を訪れた。土地の氏神を祀る神社として政府から認められた場所だという。目に見えない神の存在を象徴する神聖な鏡[2]から少し離れて、ぼくは枯れた雑草の上にひれ伏した。そして突然、祈りはじめた。のちに改宗してからキリスト教の神に捧げてきたどんな祈りにも劣らず、心からの真剣な祈りだった。ぼくは氏神に祈願した。大学での新たな宗教的熱狂を速やかに鎮め、外国の神を頑なに捨てようとしない者たちを罰し、愛国の大義を守ろうとするぼくの小さな努力に力を貸してください、と。祈りを捧げた後、ぼくは寄宿舎に戻った。そうしてまた、新たな信仰を受け入れさせようとする不愉快きわまる説得に苦しめられるのだった。

学内の世論はぼくに対してあまりに強硬で、とうてい耐えられるものではなかった。ぼくは以下の誓約書に署名するよう迫られた。極端な禁酒主義者たちが救いがたい飲んだくれを説得して禁酒の誓いに署名させようとしているかのようだった。

けっきょく、ぼくは説得に屈して署名した。そのような強制に屈せず、こらえるべきだったのではないかと、今もしばしば自問する。当時のぼくはまだ十六歳の少年にすぎず、ぼくに「入れ」と強制した学生たちはみんな、ぼくよりずっと体が大きかったのだ。そんなわけで、ぼくのキリスト教への第一歩は、意志に反して強制されたものであり、白状すると、それはぼくの良心にも反していた。

ぼくが署名した誓約書は次のようなものだった。

イエスを信じる者の誓約

以下に署名したS・A校[3]の学生は、キリストの命じるところに従ってキリストを信じると告白すること、心からの忠誠をもってキリスト教徒のあらゆる義務を果たし、十字架上での死によってわれらの罪をあがなわれた、かの聖なる救世主

2　神鏡。神社などで神霊として祭る鏡。また、ご神体の前に掛けておく鏡。
3　Sapporo Agricultural College。札幌農学校のこと。

に、愛と感謝を示すことを切に願う。そして、キリストの王国を人々のあいだに広めること、それによってキリストの栄光がいよいよ輝き、キリストが命を捧げた人々が救われることを心から願う。これ以後、キリストの忠実な弟子になること、キリストの教えの言葉と精神を厳しく守って生きることを、神に、そして互いに固く誓う。また適当な機会が来たときには、試験、洗礼、入会のため、福音主義[4]教会に出向くことを約束する。

われらは信じる、聖書は神から人への言語による唯一直接の啓示であり、輝かしい来世への唯一完全無欠の道標であることを。

われらは信じる、われらの慈悲深き父であり、正義の最高支配者であり、最後の審判を下す者である唯一永遠の神を。

われらは信じる、心から悔い、神の子キリストへの信仰によって罪の赦しを得る者はみな生涯を通じて聖霊によって慈悲深く導かれ、天の父にいつも見守られ、ついには、罪から救われた聖なる者の喜びと楽しみが得られることを。しかし福音の招きを受け入れようとしない者はみな、自分の罪の中に滅び、主の前から永遠に追放されなければならないことを。

地上での人生にどのような浮き沈みがあろうとも、次の戒律を忘れず守ることを約束する。心のかぎり、魂のかぎり、力のかぎり、精神のかぎりを尽くして、あなたの主なる神を愛せよ。そして自分を愛するように、あなたの隣人を愛せよ。生き物であれ物であれ、神の創造物をかたどった彫像や肖像を崇拝してはならない。

あなたの主なる神の名をいたずらに口にしてはならない。

安息日を憶え、それを聖なるものとして守り、不要な労働はすべて避け、その日を、できるだけ聖書の研究と、自分やほかの人々の信仰生活の準備のために捧げよ。

あなたの両親および支配者に従い、彼らを尊重せよ。

殺人、姦淫、その他の不純な行為、盗み、詐欺をしてはならない。

4　福音とは、イエス・キリストが説いた人類の救いと神の国に関する喜ばしい知らせのこと。また、福音書に記されたキリストの生涯と教えのこと。福音主義とは、福音を重んじる立場で、プロテスタントの基礎をなす思想。

隣人に悪事をなしてはならない。
たえず祈りつづけよ。

われらは互いに助け合い励まし合うため、ここに「イエスを信じる者」という名の団体を組織する。そして、毎週一回かそれ以上、集会に参加し、ともに聖書やその他の宗教的書物、論文を読み、話しあい、祈禱会を開くことを固く約束する。そしてわれらは切に願う、われらの心の中に明らかに存在する聖霊が、われらの愛をかきたて、われらの信仰を強め、真理という救いの知識へと導いてくれることを。

S[5]にて
一八七七年三月五日

これらは全文、前述のアメリカ人キリスト教徒の科学者が英語で作成したものだ。彼自身、ニューイングランドでも屈指の福音主義的な大学の卒業生で、かつてその大学の教授も務めていた。彼の署名の後に、教え子十五人の署名があり、そこにぼくの級友たちが加わって、三十人以上にふくれあがった。たぶん、ぼくの署名は最後から二人目か三人目だった。

新たな信仰の実際的な利点が、ぼくにはすぐにわかった。信仰を受け入れまいと全力で抵抗していたときから、すでに感じてはいたのだ。宇宙にはただ一つの神が存在するだけであり、ぼくがそれまで信じていたような八百万柱以上もの神々など存在しない、と教えられた。キリスト教の一神論が、ぼくの信じていたあらゆる迷信の根を断ち切った。怒れる神々を鎮めようと、ぼくが立てた誓いや、さまざまな形の礼拝は、この唯一神を信じることによって、今やすべて不要になったのだ。そして、ぼくの理性と良心は「賛成！」と応えたのだった。

ただ一つの神が存在するだけで、それ以外の神々は存在しない、というのは、ぼくの小さな魂[6]にとって、まさしくうれしい知らせだった。もはや毎朝、四つの方位の四つの神々の集団に長い祈りを捧げたり、道を歩いていて神社の前を通りかかるたびに

5　札幌にて。

長い祈りを何度も唱えたり、この日はこれこれの神を祀り、別の日はこれこれの神を祀って、その神に応じて別々に誓いを立てたり、断ち物をしたり、といったことはしなくてもよいのである。

祈りを捧げないからといって罰せられる心配もなく、頭をまっすぐにしたまま、次々に神社の前を、ああ、なんと堂々と通りすぎたことか。ぼくを支援し、支持してくれる神の中の神を見いだしたのだから。

友人たちはぼくの心境の変化にすぐに気づいた。以前のぼくは、神社が見えてくるとすぐに会話をやめた。心の中で祈りを唱えなければならなかったからだ。それが今、学校に着くまでずっと陽気に笑いながら会話を続けるぼくの姿を、友人たちは目にしたのである。

「イエスを信じる者」の誓約に無理やり署名させられたことを、ぼくは後悔していなかった。一神論によってぼくは生まれ変わった。豆と卵をふたたび食べはじめた。キリスト教の全体を把握できたと思った。唯一の神という考え方に大いに触発された。新たな信仰がもたらした新たな精神の自由は、ぼくの心身に好ましい影響をおよぼした。それまでより集中して勉強に取り組むようになった。身体には新たに授けられた活力がみなぎり、ぼくは山野を歩きまわり、谷間の百合や空飛ぶ鳥を観察し、自然を通して、自然の神と心を通わせようとした。ここで、ぼくの日記から、いくつか抜粋を挿入しよう。

一八七七年九月九日　朝、S、Mと散歩。晩、二年生のキリスト祈禱が聞こえた。
「キリスト祈禱」これは妙な表現だ。ちょっと馬鹿にしたところが見てとれる。

十二月一日「イエスの宗教」の門に入る。
と言うより、強制的に入れられた。つまり「イエスを信じる者」の誓約書に強制的に署名させられたのである。

一八七八年二月十日、日曜日　二年生のOがぼくの部屋に来て話をする（キリスト教について）。T、M、F、H、Otとともに川辺を散歩。帰る途中、野犬の駆除を見

6　方位神。九星術から生じた神々で、方位の吉凶をあらわす。

物。晩、二年生のOがふたたび来て、みんなで「くじ引き」遊びに興じる。

まったく厳格さのかけらもない安息日の守り方である。二年生のOは後年、ぼくらの教会の牧師になった。みんなから「伝道僧」と呼ばれていたOは、まだ異教徒だった頃のぼくにしつこく改宗を迫った人だ。

当時、野良犬の駆除が行われており、少年たちはその残酷な過程を見物するのが好きだった。日曜日であっても、そういうことをするのは罪ではないと、ぼくらは思っていた。

「くじ引き」は人気の遊びだった。幸運と不運が参加者に思いがけない形で配分されるのだ。そして、牧師や聖職者志望の者であっても、日曜の晩にそのような集まりに参加することは、聖職者としての体面に関わることではないと思っていた。

三月三日、日曜日。午後、茶話会を開く。晩、Oの部屋で教会。

まだ聖なる日には肉体の快楽[7]にふけっていた。Oはあいかわらず宗教活動の中心人物で、「教会」というのは正しくは宗教的集会のことである。それが初めてOの部屋で開かれたのだ。

三月三十一日、日曜日　Otの部屋で教会。晩の章はじつに興味深かった。

晩の章とは、ローマの信徒への手紙の十二章のことであろう。ぼくらは良心が痛んだ。なぜならまだ「敵が飢えていたら食べさせ」るという心境には至っていなかったからだ。

四月二十一日、日曜日　F、M、Ot、H、Tとともに祈禱会を開く。初めての大きな喜び。

信仰を深めつつある。祈りに喜びを感じはじめたのだ。

五月十九日、日曜日　集会で批判が飛び交う。午後、F、Ot、M、A、Tとともに森を散策。桜の花を持って帰る。とても楽しい。

早くも宗教上の意見の衝突が始まったが、春の空気の中で花見をするうちにおさ

7　広い意味では性的なことも含むが、ここでは飲食の快楽のこと。

まった。これはどの教会でも、困難を解決する最善の方法になるだろう。

六月一日、土曜日　学校の運動会の日。授業はない。運動場には二百人ほどの見物人が集まる。晩、食堂でいつものように腹いっぱい食べる。Ｈと取っ組み合い。

翌日の準備としては、はなはだ不適当。Ｈは「教会」の一員で、いくつかの神学上の考え方をめぐって、ぼくはＨに異論を唱えた。

六月二日、日曜日　午前十時、Ｈ牧師[8]の説教を聞く。午後三時、ふたたび説教、祈禱の後、Ｈ牧師から洗礼を受ける。Ｏｔ、Ｍ、Ａ、Ｈ、Ｔ、Ｆら六人の兄弟もいっしょ。晩、ふたたび祈禱と説教。

永遠に忘れられない日である。Ｈ牧師はアメリカから来たメソジスト[9]の宣教師で、一年に一度やってきて、宗教上の問題について、力を貸してくれた。ぼくらはそのときのことをよく憶えている。牧師の前にひざまずき、ぼくらの罪のために十字架にかけられた人の名を告白するよう求められて、震えながらも固い決意でアーメンと応じたのだった。

人々の前で自分はキリスト教徒だと告白するからには、同時に洗礼名を用いるべきだとぼくらは思った。そこでウェブスター辞典の付録を調べ、それぞれ自分にぴったりだと思われる名前を選んだ。Ｏｔ[10]はパウロ[11]と名乗った。読書好きの自分にはガマリエル[12]の弟子の名前がとてもよく似合うと考えたのだ。Ｆ[13]は「坊主頭」を意味する自分のあだ名「入道」に音がよく似ているという、ただそれだけの理由から、ヒュー[14]とい

8　アメリカの宣教師、メリマン・コルバート・ハリス（一八四六〜一九二一）。一八七三年（明治六）、メソジスト監督教会から派遣されて来日。翌年函館に赴任し、プロテスタント教会を設立。札幌で内村鑑三、新渡戸稲造らに洗礼を施した。

9　キリスト教プロテスタント諸宗派の一つ。英国国教会司祭だったジョン・ウェスリー（一七〇三〜九一）らによる実践的福音主義運動に由来する。信徒には道徳的で清廉な生活が求められる。

10　太田（のち新渡戸）稲造（一八六二〜一九三三）。教育者。農政学者。京都帝大教授、一高校長。女子高等教育にも尽力し、東京女子大初代学長なども歴任。国際連盟事務局次長。

11　一世紀のキリスト教の使徒で聖人。ユダヤ人で当初は激しい反キリスト教の立場をとっていたが、復活したキリストの声を聞き、回心して使徒となる。三回にわたる大伝道旅行でローマ帝国での布教に尽力し、ローマで殉教。「異邦人の使徒」と言われた。

う洗礼名を選んだ。T[15]はフレデリック、A[16]はエドウィン、H[17]はチャールズ、M[18]はフランシスと名乗った。そしてぼくはヨナタン[19]と名乗ることにした。友情の美徳を強く主張していたぼくは、ヨナタンのダビデに対する親愛の情をとても好ましく思っていたのだ。

ぼくはこうしてルビコン川を渡り、二度と引き返すことはなかった。ぼくらは新たな主イエス・キリストに忠誠を誓い、額《ひたい》には十字架の印がつけられた。地上の主君や師に示すよう教えられてきたその忠誠をもって、ともに新たな主に仕え、王国を次々に征服していこうではないか。

地の果ての国の人々が
救世主《メシア》の御名を知る日まで[20]

ひとたび改宗すると、ぼくらもまた布教に勤しむ宣教師となった。だが、まずは教会を組織しなければならない。

12　一世紀前半に生きたエルサレムのユダヤ教律法学者。キリスト教徒に対して寛容で、使徒パウロの師であったと伝えられる。
13　藤田九三郎（一八五八〜九〇）。農学者。
14　ヒュー、フレデリック、エドウィン、チャールズ、フランシスは、いずれもキリスト教の聖人の名。
15　高木玉太郎（一八六二〜一九一六）。化学工業の業界で活躍。
16　足立元太郎（生没年不詳）。横浜生糸検査所所長。
17　広井勇（一八六二〜一九二八）。土木技術者。港湾工学の世界的権威。東京帝国大学教授。
18　宮部金吾（一八六〇〜一九五一）。植物学者。北海道帝国大学教授。北海道・千島・樺太（サハリン）の植物相を調査し、分布境界線（宮部線）を発見。
19　旧約聖書サムエル記に登場する初代イスラエル王サウルの息子。サウルに命を狙われたダビデ（のちの二代目イスラエル王）を救った。
20　イギリスの聖職者レジナルド・ヒーバー（一七八三〜一八二六）の作詞による賛美歌「北のはてなるこおりの山（From Greenland's icy mountains）」からの引用。

第三章　始めの教会

洗礼を受けた今、ぼくらは生まれ変わったと感じた。少なくともそう感じるように、そしてそう見えるように努めた。一カ月のうちに、ぼくらは「一年生」という屈辱的な名前に別れを告げることになっていた。年下の弟たちがやってきたら、もっと大人らしくふるまい、子供っぽい行動は慎むべきだと思った。キリスト教徒にして二年生であるぼくらは、その品行と学業において、異教徒にして一年生である後輩の模範でなければならない。

しかし、異教イズムと一年生イズムは、しかるべき形で別れを告げなければ、なかなか捨てられないものだった。そこで学年の終わりにあたり、改宗した一年生が集まり――日曜日ではなかったが――これから捨て去ろうとしている二つのイズムを称える祝宴を、空前の規模で開催した。エドウィンが農場に送りこまれ、見つけた中でいちばん大きなカボチャと、たくさんのラディッシュ、キャベツ、トマトを手に入れた。植物に詳しいフランシスはどこに行けばタンポポの葉が見つけられるかを知っていた。ぼくは彼から渡されたブリキ缶を持って出かけ、この美味な植物を缶いっぱいに採ってきた。熟練した化学者で、つねに料理科学の理論と実践の第一人者だったフレデリックは、アルカリ[1]、塩、砂糖を用意して待っていた。そしてヒューは数学と物理の実力を駆使して、ぼくらの目的にかなうように、最高に熱い火を起こした。読書好きのパウロは、こういうときはいつも不精者だが、いざ飲み食いが始まると、誰にも引けをとらなかった。すべての準備が整って、開会が告げられたが、三十分後には料理はすっかり平らげられてしまった。それ以来ぼくらは、胃袋のことよりも、もっと魂のことを気にかけるように努めた。

ぼくらが作った小さな「教会」について説明を始める前に、ここで会員たちの個人

1　水に溶ける塩基性物質の総称。水酸化ナトリウム、水酸化カリウム、水酸化カルシウム、炭酸ナトリウムなど。食品の製造・加工に用いられるものも多い。

的特徴をいくつか述べておかなければならない。

最年長者はヒューである。ヒューは数学者にして技術者だった。つねに現実的で、お金のことを考えていたが、もちろんそれはキリスト教的な目的のためである。キリスト教のおかげで人が実生活の上で正しく生きていけるのなら、キリスト教の理屈について深く考える必要はないと考えていた。あらゆる種類の卑劣と偽善を憎んだが、悪ふざけの才能にも富み、それはしばしば「教会」でも発揮されて、標的となった者はずいぶんと手ひどい目に遭わされた。教会にとってはつねに信頼できる資金提供者であり、たびたび会計係も務め、何年か後に新しい教会を建てたときには「建材の強度」を計算した。

年齢順で言うと次はエドウィンである。心根の優しい男で、何事も率先して行い、同情を催すとすぐに涙ぐみ、いつも「準備委員長」として活躍してくれた。クリスマスの献身礼拝の準備では、何もかもがすばらしく、美しく見えるようにしようと、たびたび「食事も忘れる」ほど奮闘したものである。神学の勉強にはあまり熱心ではなかった。バトラーの『アナロジー』[2]やリッドンの『バンプトン講演集』[3]の中のきわめて説得力ある議論よりも、「イラストレイテッド・クリスチャン・ウィークリー」「挿絵入りのキリスト教徒向け週刊紙」に載っているいくつかの物語のほうに、より感動し、より多くの涙を流すのだった。

フランシスはぼくらの中でいちばん性格円満で、「誰にも悪意を抱かず、誰にでも慈愛の心を向ける」ような男だった。「あいつは生まれつきの善人だ」と、ぼくらは言っていた。「だから善人になるのに努力する必要がないんだ」。その物腰は穏やかで、「始めの教会」が、会員間の個人的な反目や神学者同士の憎み合いのせいで解散の危機にあったとき、フランシスが北極星となり、ぼくらは平和と調和を取り戻して、その周りをふたたび回りはじめたのである。のちには、わが国最高の植物学者となった。キリスト教の平信徒としての彼の貢献は、わが国に神の王国を広めるうえで、つねに

2　イギリスの神学者ジョゼフ・バトラー（一六九二～一七五二）の『自然宗教と啓示宗教のアナロジー』*The Analogy of Religion, Natural and Revealed,to the Constitution and Course of Nature*（一七三六）。当時のイギリスで広まりつつあった理神論や理性主義に対して、正統的キリスト教の教義を擁護した。

3　イギリスの神学者ヘンリー・パリー・リッドン（一八二九～九〇）が一八六六年におこなった講演『救い主イエス・キリストの神性』*The Divinity of Our Lord Jesus Christ*。

計り知れないほど貴重なものとなっている。

フレデリックもヒュー同様、現実的な男だったが、この歳の男子にはまれな明敏さと洞察力を持っていた。化学が好きで、のちには国を代表する科学技術者の一人になった。文学の知識もかなりのもので、ドイツ語とフランス語を独学で習得し、シラー、ミルトン、シェイクスピアを愛読した。キリスト教の基本的な教えのいくつかに疑問を抱いていたが、そのような疑問に自分が取り組んだとしても、すべてを解決することは不可能だと早い時期に気づいていた。「純粋で汚れのない人生」を目指して前進を続け、人の視点から見るかぎりではそれを成し遂げていた。フレデリックのあまりにも現実主義的な常識は、ときには「教会」の若者らしい雰囲気にあまりそぐわないこともあった。それでも彼は耐え、ぼくらも耐えた。そして四年間、彼はめったに集会を欠席しなかった。

パウロは「学者」だった。たびたび神経痛を患い、また近眼でもあった。すべての物事を疑い、さらに新たな疑いをこしらえることができ、何事も自分で試して証明しなければ受け入れることができなかった。トマスと名乗ってもよかったくらいである。[4]しかし、眼鏡やその他いかにも学者然とした外見に似合わず、心は無邪気な若者だった。ある安息日の朝、神の摂理と予定に暗く複雑な疑念を差しはさみ、「教会」の熱狂に水を差しておきながら、午後には、桜の花の下の園遊会に仲間たちとともに参加した。

チャールズは複雑な人物だった。鋭い常識的判断力ではフレデリックの次に優れていたが、キリスト教に対する知的な姿勢という点ではパウロに似ていた。他の多くの熱心な若者たちと同様、知性の助けを借りて神と宇宙を理解しようとし、自身の努力によって神の永遠の律法に字義どおりに従おうとしたが、うまくいかなかった。それから、キリスト教のまったく異なる側面に視点を移し、最終的には、「善行第一主義」を信じることで落ち着いた。彼はのちに学識ある技術者になった。教会の内であれ外であれ、じっさい何かの善行が意図されているときには、つねに具体的な形で彼からの支援を頼りにすることができる。

ヨナタンは自分について告白する必要はない。この小著そのものが彼について語っ

4　トマスはキリストの十二使徒の一人。疑い深く、自分の目、自分の手で確かめるまではイエスの復活を信じないと言った。

ているのだから。

以上が小さな「教会」を構成した「七人」である。さらに最初の二年間はSという人が参加していた。ぼくらは彼に「カハウ（テングザル）」というあだ名をつけた。あの猿のようにずんぐりとして鋭い風貌だったからだ。ぼくらの一年前に洗礼を受けていたので、「七人」の誰よりもキリスト教徒としての経験を積んでいた。

三年生は三年生で宗教的集会を開いており、ぼくらキリスト教徒の二年生も自分たちだけで集まっていたが、日曜日の晩には、両者が合同で聖書を勉強した。三年生よりも二年生のほうが熱心だというのが、おおかたの一致した意見だった。だから集会は、二年生の中でもとくに熱心な者たちの希望によって開かれることが多かった。

ぼくらの日曜礼拝は次のように行われた。小さな教会はすべてが民主的であり、誰もが教会員として同じ立場にあった。このことは完全に聖書と使徒の教えに即している、とぼくらは考えた。それゆえ集会の議長役は全員が順番に務めた。議長はその日の牧師であり、司祭であり、教師であり、また召使いの役目も務めることになっていた。指定された時刻にぼくらを呼び集める責任があり、議長の部屋が教会になるのだ。議長はみんなの座り方にも気を配らなければならない。議長だけが腰掛けに座ることができ、他の者は議長の前に正座した。みんなが座る床には毛布が敷かれていた。説教壇は大工仕事の得意なヒューが小麦粉樽に手を加えたもので、ぼくらはそれを青い毛布で覆った。こうして威厳が備わった教会で、牧師は祈りとともに礼拝を開始し、その後、聖書の一節を朗読した。それから自分自身の短い話をし、続いて子羊たちの一人一人を指名して、順番に自分の話をさせた。

洗礼を受けてからしばらくして、パウロがこんな提案をした。集会に何か食べ物を持ちこんで、「呼び物」として出してみてはどうか、と。一同は同意した。というわけで、当日牧師を務める者は、このための寄付金を集め、集会に甘いものを用意するのが日曜日の朝一番の仕事となった。これらの「呼び物」について、フレデリックは質のよいものを好み、いっぽうヒューとチャールズは質より量だと主張したが、何を選ぶかは、牧師の好みに任せられた。こうして食べ物と、お湯とお茶の用意ができると、礼拝が始まった。牧師の話が終わったところで、助手が菓子を会員に平等に配った。さらに「話」が続くあいだ、各自はこれらの茶菓を好きなように食べるのである。

それぞれが独自の話をした。ヒューはネルソンの『不信仰論』を愛読しており、あらゆる種類の不誠実さに対するいつもの憎悪をこめて不信心を非難した。エドウィンは、「イラストレイテッド・クリスチャン・ウィークリー」で読んだ、スージーとチャーリーが「美しい雪」に神の慈しみを見た話や、慈悲深い摂理が無力な小鳥たちに柔らかい地虫をあたえた話をした。フレデリックの話はたいてい短かった。テーマは毎回、神の威厳や、ぼくらが神に払うべき畏怖と崇敬についてだった。チャールズはわざわざイギリスから取り寄せたリッドンの『バンプトン講演集』を毎回一、二ページずつ朗読したが、チャールズ自身、書かれていることの半分くらいしか理解していないので、聴衆であるぼくらには、なおわからなかった。パウロの話は基本的に理屈っぽく、いつも学問的で、しっかり予習されていた。フランシスは毎回かならず、深みのある思慮に富んだ事柄を説き聞かせた。ヨナタンはみんなの前で心の内を吐露したものである。そのとき心を占めているのが恐れであれ、喜びであれ。カハウは『村の説教集』から一章を朗読し、ぼくらはいつも楽しく耳を傾けたが、彼自身の話は概して長すぎた。

甘い菓子はたいてい話が終わるずっと前に平らげられてしまうので、残りの時間、砂糖もミルクも入れない茶をときどき飲んでは口を動かしつづけた。十二時半の昼食の鐘が閉会の合図である。使徒の祝禱《しゅくとう》が唱えられるとすぐに、みんなで食堂に駆けつけた。それまでおよそ四時間ものあいだ、硬い床の上に座りどおしだったのである。

母国語で書かれた宗教書には目的にかなったものが一冊もなかったので、ほとんどイギリスとアメリカの出版物を頼りにしていた。あるキリスト教徒の友人たちの尽力によって、約八十冊のアメリカ・トラクト協会の出版物が手に入った。また、「イラストレイテッド・クリスチャン・ウィークリー」の合本は、ぼくらにとって尽きることのない楽しみの源だった。さらに、ロンドン・トラクト協会とキリスト教知識推進協会から送られてきたおよそ百冊の書籍があった。のちに、ボストン・ユニテリアン協会〔199頁の注12、13参照〕が出版物を全部まとめて寄贈してくれたので、これもためらうことなく読んだ。

しかし、いちばん助けになったのは、フィラデルフィアの故アルバート・バーンズ師による有名な『聖書註解書』だった。この書には全体に深い精神性がみなぎっていて、その平易にして明快な文体と、あふれるピューリタニズムは、異教の地の若い改宗者たちの気持ちをひきしめた。そこに書かれた註解は、ぼくらにとって、とくに有用で魅力的なものとなった。ぼくは学校の課程を修了するまでに、新約聖書に関する註解を一字一句残さず読んだように思う。そして、この称賛に値する神学者が残した神学上の刻印は、以来ぼくの精神から消え去ることはなかった。よき書を作るものは幸いなり！

平日の祈禱会は水曜日の夜九時半から開かれた。「話」はいっさいなく、全員が祈りを捧げ、閉会までには一時間かかった。硬い床に一時間も正座しつづけるのは、あまり楽なことではない。のちに生理学の教授から教えられたところでは、そのような長時間の正座は、長期にわたってくりかえされると、膝関節の滑膜炎を引き起こすかもしれないとのことだった。

日曜日の晩に上級生と合同で開かれる聖書勉強会では、ぼくらは比較的小さな役割しか演じなかった。「伝道僧」のOと「長兄」のS、そして「ワニ」のWが、キリスト教を擁護し、その正統性を証明するための重厚長大な議論を展開した。ぼくらにはできない議論だった。ぼくらはたいてい、この集会が終わると、ほっとしたものだ。それから自分たちだけで礼拝を行い、ふたたび気持ちを新たにしてから、一週間でいちばん楽しい一日を終えたのである。

これらの事柄について、ぼくの日記からさらにいくつか引用しよう。

一八七八年六月十九日　「六兄弟」とともに劇場へ行く。

洗礼を受けてからまだ三週間もたっていない！

七月五日　学業優秀の賞金として十七円五十銭を受けとる。午後、クラス全員で劇場へ行く。

始めの頃、ぼくらは観劇とキリスト教とは無関係だと思っていた。劇場へ行くのは洗礼を受けてから二度目だったが、ぼくとしては、心にやましいところがなかったわけではない。しかし、このときを最後に、ぼくはいかなる種類の劇場にも、これまで一度も足を踏み入れたことはない。もっとも、後年わかったことだが、キリスト教徒が劇場に行っても魂の健全さを損なうことはなく、じっさい多数のキリスト教徒が観劇に出かけているのである。たしかに観劇は、姦淫の罪のような罪ではないかもしれない。しかし、もしもこうした「劣情を刺激する娯楽」なしでやっていけるなら、そのようなものには近づかず、肉体と精神をあまり損なわないようにしたほうがよいと、ぼくは信じている。

九月二十九日、日曜日　「六兄弟」とともに森の中で午後を過ごす。野葡萄《のぶどう》や野苺《のいちご》を味わい、祈り、歌う。とてもよく晴れた日。

　原始林の中で、創造主と向かい合って心を高揚させた忘れがたい日々の一つである。

十月二十日、日曜日　「七兄弟」とともに「石山」[5]に登る。いつものように祈り、歌う。帰り道、野苺を食べて元気を回復する。

　この日もそんな一日だった。部屋では歌うことが認められていなかったし、歌う勇気もなかった。みんな、それぞれのやり方で歌ったけれど、荒々しい大声と調子はずれの歌には「音楽的な旋律」など皆無だった。パウロはすべての賛美歌をトプレディー[6]の旋律で歌えると言ったが、じっさいにはその旋律しか知らなかったのである！　それでも、丘も山もぼくらの歌をがまんして聴いていてくれた。神はご存じだ、ぼくらの歌には優れた音楽の一要素——感じる心——があることを。

十二月一日　H牧師を通じてメソジスト監督教会に入会する。

　敬愛する宣教師、H牧師が町を再訪したとき、ぼくらは彼の教会に加わった。そのさい、彼の宗派や他のさまざまな宗派について美点や欠点を細かく吟味することはなかった。ぼくらは、ただH牧師が善良な人物だということしか知らず、彼の教会なら同様によい教会にちがいないと思ったのである。

十二月八日、日曜日　晩、「七兄弟」と真剣な話し合い。心の奥に秘めた考えを互いに打ち明け、心の大改革を成し遂げることを誓う。

ぼくらがキリスト教を受け入れて以来、最高の日だった。どうやら夜半をかなり過ぎるまで話したり、祈ったりしていたらしく、その後、就寝してから何時間もしないうちに夜が明けた。その夜は誰もが天使のように見えた。「とげだらけの」ヨナタンも、「こぶだらけの」ヒューも、「骨と皮ばかりの」フレデリックも、その晩はみんな、「まんまる」のフランシスと同じくらい人が丸くなっていた。疑い深いパウロも、そ

5　原文はStone-Hill。かつて札幌軟石の石切場だった現在の石山緑地のことか。

6　オーガスタス・モンタギュー・トプレディー（一七四〇～七八）イギリスの聖職者・賛美歌作者。

んなキリスト教に対してなんの異論もなかった。ああ、こんな夜がもっとあればいいのに！　天使の合唱が天に聞こえ、ベツレヘムの星が東方の賢者たちを幼子イエスのもとに導いたあの夜は、この夜よりも美しかったというのか！

十二月二十五日、クリスマス　われらの救世主が地上に降誕したことを祝う。喜び限りなし。

ぼくらが経験した最初のクリスマス。三年生はこの祝祭については「無信仰」だった。翌年、彼らはぼくらに倣った。

十二月二十九日、日曜日　晩、油について、いろいろ。

この日はその年最後の安息日で、両クラスのキリスト教徒たちは、終わろうとしている一年の失敗や至らなかった点、これから来る年の希望や可能性のすべてをまじめに考えていた。その晩の祈りと説教はいつになく真剣なものだった。

ところが突然、誰かが大声でこう言うのが聞こえた。I教授が戻ってきて、菜種油を使って灯油と同じくらい明るい灯火をともすことができることを証明するという。

じつは何週間か前、政府当局から、輸入品はできるだけ使わないようにせよという布告が出された。そのため、ペンシルヴェニアの丘陵やニューヨークからはるばるやってくる灯油の代わりに、わが国で作られる菜種油を使わなければならなかった。ゆえに、ぼくらのヤンキー式ランプはすべて没収され、植物油を燃やす新しいランプが提供された。ところが、そのランプに灯した明かりは、アメリカの灯油による明かりに比べると情けないほど貧弱で、勉強を怠けるいい口実になった。

Ｉ氏は数学の教官で、ぼくらは彼のことがあまり好きではなかった。その日曜日の夜、Ｉ氏はすっかり酔っぱらっており、自分の運動器官と発声器官をあまり制御できなくなっていた。いつものように学生の一人が新しいランプのことで不満を述べると、Ｉ氏は、きみたちがもう少し常識を働かせれば、じつはそんな不満は不当だとわかるだろう、と答え、これから自分の言葉を科学的な方法で実地に証明してみせる、というのである。それは、ぼくらがどのくらいＩ氏を尊敬しているかを証明するよい機会となった。キリスト教徒も非キリスト教徒も、ともにこの実地の証明に合同で参加した。半異教徒の三年生の兄弟たち、たとえば、「四角顔」のＹ、「好人物」のＵ、「翼竜」のＴは聖書を床に放り出して、すぐさま興奮の現場に駆けつけた。

教授の科学的な証明は、けっきょく期待はずれに終わった。ぼくらは教授を外に連れ出して、雪の中に転がし、たくさんの雪玉を投げつけ、ありとあらゆる紳士的でない名前で呼んだ。そのとき最高に信心深い気分だった仲間のチャールズは、ぼくらに向かって、そんな非キリスト教的行為を思いとどまるようにと懇願したが、すべては無駄だった。アルコールの影響下にあった気の毒な教授に、雪の中でじゅうぶんに焼きを入れたのち、若者たちは神聖な集会に戻った。そこには小さなテオドシウスたちを礼拝室から閉め出す聖アンブロシウス[7]はいなかった。

ぼくらがその日曜日の晩に経験した感覚は、けっして忘れられない。少しだけ懺悔の祈りが捧げられ、集会は年明けまで延期された。誰もが、キリストはその場にはいないと感じた。あるいは、もしいたとしても、ぼくらのうちの何人かが、気の毒な教授に雪玉で襲いかかろうと部屋を飛び出していったと同時に、キリストは立ち去ったはずだ。ぼくらのキリスト教の実践は、キリスト教の理論から、どれだけ遠くかけ離れていることか、その晩、ぼくらは痛感したのである。

一八七九年三月九日　祈禱会のやり方を変更。

ぼくらは、正座を続けすぎることで「滑膜炎」になるのが怖かった。みんなから、祈りを短くしてほしい、という声があがった。そこで一つの集会では同じことをくりかえさないことにした。おかげで礼拝はおよそ二十分にまで短縮され、ぼくらは少なからず安心した。

いつもの祈禱会である出来事が起こったのはちょうどこの頃だったと思う。この出来事をぼくは日記に書きとめていなかった。その日は水曜日で、学内農場での三時間にわたる肉体労働の後で、みんな疲れ果てていた。たっぷり食事をとり、骨の折れる作業に取り組んだ後だったので、あまり崇高なる力との霊的交感に参加したい気分ではなかった。しかし規則は変えられないことになっているので、鐘が鳴ると、その晩、牧師役を務めるフレデリックは、祈りのために子羊たちを呼び集めた。

フレデリックは小麦粉樽でできた説教壇の脇にひざまずき、その上で組んだ腕に頭

7 キリスト教の古代教父。聖人。三三九頃～三九七。ローマ皇帝テオドシウス（三四七～三九五、在位三七九～三九五）が民衆虐殺の非道を懺悔するまで聖体拝受を許さず、八カ月後にテオドシウスはついに懺悔した。

を埋め、短い祈りの言葉で集会を始めた。他の若者たちも一人ずつ後に続いたが、みんな会がなるべく早く終わることを願っていた。最後の者が祈りを捧げたときには、ぼくらはうれしくなった。そして、最後のアーメンが唱えられ、牧師から退出を許されるのを、今か今かと待った。そうしてそれが唱えられ、唱和されたが、牧師は無言だった。牧師は使徒の祝禱《しゅくとう》を唱えず、他の誰にも散会を告げる権限はなかった。完全な沈黙が五分近く続いた――その夜のぼくらには長い時間だった。もうそれ以上正座してはいられなかった。

ヨナタンは牧師のそばに座っていた。顔を上げ、フレデリックの身に何が起こったのか、確かめようとした。するとどうだろう、牧師は小麦粉樽の説教壇にひじをついたままぐっすりと眠っているではないか。道理で祝禱が聞こえてこないわけである。彼の神聖な言葉を待っていたら、ぼくらは一晩中起きていなければならないだろう。

ヨナタンは考えた。これは例外的なケースであり、その場合、「公会議」の同意がなくとも一時的に規則を変更してもよいだろう、と。そこでヨナタンは立ちあがり、厳粛な声で言った。「われらの兄弟フレデリックが寝入ってしまったので、ぼくが代わりに牧師の役目を果たすことを神はお許しになるでしょう。われらの主イエス・キリストの恵み、うんぬんかんぬん、アーメン」
「アーメン」全員が唱和し、疲れた頭を上げた。それでもフレデリックは樽につっぷして丸太のように動かなかった。チャールズが身体を揺すると、やっと目を覚ました。フレデリックは祝禱を唱えて散会を告げようとした——夢の国にあっても義務を忘れていなかった——が、すでに祝禱は唱えられ、ぼくらは退出するところだった。フレデリックが説教壇の上で眠ってしまったのは遺憾なことではあったが、一同は彼を赦した。その夜は誰もがひどく眠かったからである。聖なる使徒たちでさえ、主が祈っているときに居眠りをしたのだから[8]、ぼくら若いキリスト教徒が、重労働とたっぷりの食事の後に居眠りをしたっていいじゃないか！

五月十一日、日曜日　午後、花見。

五月十八日、日曜日　午後、森に遠足。

8　新約聖書「マタイによる福音書」二十六章三十六節以下。

六月二日、月曜日　ぼくらの新生（つまり洗礼）の記念日。七兄弟と茶話会。数時間にわたって愉快な会話。

ぼくらの精神の誕生日を記念する会。人々はなぜこの日を忘れ、母が自分をこのつまらない地上に産んだ日を祝うのか、ぼくにはその理由がわからない。しかし、わが国の内外にはたくさんのキリスト教徒がいるけれど、いつかは滅びる肉体がこの地上に出現した日に比べると、精神の誕生日には、その半分も優しい言葉をかけたり、美しいプレゼントを贈ったりすることはないようである。

六月十五日、日曜日　この地域の氏神の祭礼日。ひじょうに悩む。だが、競馬を見物し、フランシスの伯父からの招待（「肉体の快楽」［ここでも飲食の快楽のこと］）に応じ、大いに食う。ああ！

ぼくらの禁欲的な安息日にとって、異教の祭礼は大きな妨げとなり、ぼくは誘惑に負けた。「善をなそうと思う自分には、いつも悪が付きまとっているという法則に気づきます。五体の内にある罪の法則のとりこにしているのが分かります。わたしはなんと惨めな人間なのでしょう！」[9]

一八七九年夏、ぼくは首都にある実家で過ごした。首都は学校から南へ約八百キロメートルのところに位置し、旅には善良なるフランシスが同行した。ぼくがこの長い旅に出た主な目的は、父母と弟妹にキリストの福音を説くことにあった。

二年ぶりの帰省はとても楽しかった。途中に伝道所があれば、かならず立ち寄って、キリスト教徒の友人を訪ねた。宗教が話題の中心だった。

ぼくは母にこう言った。ぼくはSで生まれ変わった、母もまたぼくのようにならなければならない、と。しかし、母は息子との再会に大喜びするばかりで、ぼくが語るキリスト教の話にはまったく関心を示さなかった。ぼくが無事に到着したお礼として、わが家の神仏の偶像にいつもの供物が捧げられたが、言うまでもなく、それはぼくの心をひどく苦しめた。

ぼくは何度も押し入れに引きこもって、この異教徒の家を救いたまえと救世主に懇

9　新約聖書「ローマの信徒への手紙」七章二十一、二十三、二十四節より。

願した。洗礼を受けていない魂は地獄で永遠の責め苦を受けるのだと、ぼくは心から信じていたので、家族を改宗させることに全精力を注いだ。しかし、母は無関心で、父は断固反対し、のちに立派なキリスト教徒になった弟はぼくに対してとても挑発的だった。弟はぼくが渡した一冊の『ローマの信徒への手紙』を「コーデックス・レスクリプトゥス（二重写本）[10]」のようにしてしまった。聖なる言葉が記された段と段のあいだにキリスト教を侮辱するようなことを書きこんでいたのだ。それでもぼくは、くじけることなく祈りつづけた。そして学校に戻る日が近づいた頃、ついに父から、ぼくが受け入れるよう懇願した信仰について検討してみるという約束を引き出すことができた。

首都にいるあいだに、たくさんの「兄弟姉妹」と出会い、説教や講演を堪能した。どれも学校周辺の地域では聴けないものばかりだった。キリスト教徒は異教徒とまったく異なる人々の集団であり、キリストの弟子仲間は、実の兄弟より、互いに親密であるべきだと、ぼくは信じていた。ぼくらは、小さな教会の仲間たちの場合がまさにそうだと知っていたし、キリスト教会全体についても同じことが言えると考えていた。このことを強く確信し、何の疑いも抱かぬぼくらは、どこへ行っても歓迎された。そして、このことに対するぼくらの信念は正しいのだと思った。

すばらしい教会をいくつか目にした。説教壇はどれも小麦粉樽で作ったぼくらのそれとはまるで違った。ずらりと並べられたベンチは、ぼくらの硬い床に敷かれた毛布に比べてはるかに立派だった。オルガンは人の声と調和していた。その他いろいろ。

これらの教会を見たぼくらは、将来、学校の課程を終えて、自分たちのために建てられた教会を持つ日が大いに楽しみになった。わが国のより文明的な地域で目にしたのと同じ教会を持つのだ。

また首都にいるときにはたくさんのことを教わった。その一つが食事の前の感謝の祈りの唱え方である。ぼくらは、それまでそういうことをしたことがなく、すぐに食事を始めていた。腹をすかした犬や異教徒がそうするように。日本人のメソジスト牧師を訪問したとき、若い長老派[11]信徒のY氏が居合わせた。夕食までゆっくりしていく

10　パリンプセスト（palimpsest）、重ね書き写本ともいう。本来は、高価だった羊皮紙を再利用するため、最初に書かれたものを消して別の文を書いた写本のこと。消された文章が復元され、貴重な古文書が発見されることもある。

ようにと言われ、ぼくらは喜んでそうした。一椀のご飯と魚、いくらかの野菜を載せたお膳がそれぞれの前に置かれると、フランシスとぼくはいつもの野蛮なやり方で、箸を取り、すぐさま勝手に食べはじめようとした。そのときY氏がまじめな口調で言った。「きみたちは食べる前に祈らないのですか？　祈りましょう」ぼくらは決まり悪くなって箸を置き、彼らがするように頭を垂れ、なりゆきを見守った。感謝の祈りが唱えられたあとも、ぼくらは食べはじめてもいいものかどうか迷った。ほかに何かするように言われるかもしれないと思ったからだ。するとありがたいことに、どうぞ召しあがれと促された。そのときに言われた一語一句と、出された料理の一つ一つを、今でもよく憶えている。魚は舌平目で、背中に五本の黒い線が水平に横切っており、口が身体の左側にあって、胸びれの少し上が湾曲していた。恥ずかしくて、まごつきながら、うつむいているときに、このすべてを観察したのである。

だが、こうしてひとたび身についた教訓は、以来、けっして忘れられることはなかった。秋、学校に戻ると、ぼくらは仲間たちにこのことを教えた。そして、ぼくらのあいだでは、「感謝の祈り」を唱えずに食事をするのは、堕落の印だということになった。後年、宗教がさげすまれ、馬鹿にされ、食事の前の感謝の祈りが嘲《あざけ》りの目で見られることがたびたびあったけれども、ぼくはメソジスト牧師の部屋で学んだこの習慣をいつもかならず守ってきた。

八月二十五日、月曜日　午後七時、Sに到着。仲間たちはぼくらと再会を果たして大いに喜ぶ。彼らの愛と誠実さに深く感動。

わが家である学校に帰ってこられてうれしかった。テーブルにはお茶とお菓子がずらりと並べられ、ぼくらを待っていた。ぼくらは首都で目にしたことすべてを、主に教会やキリスト教徒のことを仲間たちに語った。首都の教会から受けた印象は、すべてが良好というわけではなかった。小麦粉樽の説教壇や、小さな「教会」のあらゆる田舎らしい質朴さに満足したままでいるのもいいだろう。

八月三十一日、日曜日　ひじょうに愉快な集会。

11　キリスト教プロテスタント諸宗派の一つ。聖職者と信徒代表の長老とが平等に教会を治めることからこう呼ばれる。

約二カ月間留守にしていた仲間が戻ってきたので、そうならざるをえなかった。

とくに記すに値する出来事は年末までなかった。いや、そう言えば、日曜礼拝であることを試みた。この集会とクリスマスまでのあいだのどこかで行われたはずだ。いつも「話」ばかりでみんな飽きてしまったので、集会の進め方に何らかの変化が大いに望まれた。そこで一人がこんな提案をした。学生時代のうちに異教徒に相対《あいたい》したときの準備をしておいてはどうだろう。世の中に出れば必ず出会うのだから、と。みんなで相談し、最終的に「教会」を二組に分けるのがいちばんいい、という結論に達した。いっぽうがキリスト教徒、いっぽうが異教徒の役を演じ、役は交互に入れ替えるのである。異教徒側のメンバーは、異教徒が投げかけてくるかもしれないあらゆる質問をし、キリスト教側がそれに答える、というわけだ。この案は全員の同意を得て、次の日曜日から実施されることになった。

当日――新しい方法で集会が行われる最初の安息日――ぼくらはメンバーをくじ引きで二組に分けた。チャールズ、ヨナタン、フレデリック、エドウィンがキリスト教徒側、フランシス、ヒュー、パウロ、「カハウ」が懐疑派・異教徒側を演じることになった。いうなれば前者にはウォーバートン[12]、チャーマーズ[13]、リッドン[14]、グラッドストン[15]が、後者にはボリングブルック[16]、ヒューム[17]、ギボン[18]、ハクスリー[19]が陣取ったのである。

いつものように祈りが捧げられ、食べ物が配られた後、論戦が始まった。この日のテーマは「神の存在」である。懐疑派の一番手フランシスが擁護派の一番手チャールズに攻撃を仕掛けた。宇宙はそれ自体で存在していたはずだ、という挑戦に対して、

12　ウィリアム・ウォーバートン（一六九八～一七七九）。イギリスの聖職者。奇跡・預言・啓示などの存在を否定する理神論者を批判した。
13　トマス・チャーマーズ（一七八〇～一八四七）。スコットランドの神学者、牧師。
14　51頁の注3を参照。
15　ウィリアム・エワート・グラッドストン（一八〇九～九八）。イギリスの政治家。四度にわたり首相を務めた。生涯、英国国教会の敬虔な信徒だった。307頁の原注も参照。
16　ヘンリー・セント・ジョン・ボリングブルック（一六七八～一七五一）。イギリスの政治家、文人。理神論者。
17　デイヴィッド・ヒューム（一七一一～七六）。十八世紀のイギリス経験論を代表するスコットランド出身の哲学者。宗教を社会的現象の一つとしてとらえた。

チャールズは次のような論拠を持ち出した。物質には作られたものとしての明らかな特徴があり（マクスウェル[20]から借用した議論であろう）、それ自体、独立に存在することはありえない。最初の攻撃は撃退され、ぼくらの信仰は見事に擁護された。現実的なヒューは、キリスト教に対抗するのに、あまり強力な主張を展開しなかったので、彼の異議を論駁するヨナタンの任務は難しいものではなかった。今や、この宇宙に創造主がいたのはまちがいなく、その創造主はそれ自体、独立に存在し、全能にして全知であることが決定的に証明された。

しかし、今度はパウロが攻撃を仕掛ける番だった。迎え撃つのはフレデリックである。何日か前から、二人の仲が少し険悪になっていたので、ぼくらはこの対戦がどうなるか心配だった。学者肌のパウロが、自分では答えの出せない疑問を数多く抱えていることを、すでにぼくらは知っていた。これは、彼の神経質な頭脳が創り出した最もやっかいな疑問を打ち明ける絶好の機会となった。「たしかに」とパウロは言った。「この宇宙は創造された宇宙であり、神は全知全能であり、この神に不可能はない。しかし、きみはどうやって証明できるのか、神がこの宇宙を創造し、動かし、潜在的なエネルギーをあたえて、独力で成長、発展できるようにした後、――この創造主自身が自分の存在に終止符を打ち、自らを滅ぼしてはいないということを。神は何でもできるなら、自殺だってできるのではないか！」

複雑で、ほとんど冒瀆的な質問である！ 現実的なフレデリックは、どうすればこの質問に答えられるだろうか？ ぼくらの目は当惑する擁護者に釘付けになり、異教徒側でさえフレデリックがどう答えるのか心配していた。フレデリックは一瞬黙りこみ、いっぽう得意顔のパウロは攻撃の手を緩めなかった。フレデリックは何か言わなければならない。勇気を奮い起こし、あざけるように言った。

「ふん、そんな質問をするのは馬鹿だけだ」

「何、馬鹿だと？ じゃあ、きみはぼくを馬鹿だというのか？」パウロは怒って言い

18 エドワード・ギボン（一七三七〜九四）。イギリスの歴史家。著書『ローマ帝国衰亡史』の中でキリスト教をローマ衰退の一因であると説明し、キリスト教会の反発を招いた。

19 トマス・ヘンリー・ハクスリー（一八二五〜九五）。イギリスの動物学者。ダーウィンの進化論を強力に支持し、進化論を攻撃する神学者・聖職者らと対決した。

20 ジェイムズ・クラーク・マクスウェル（一八三一〜七九）。イギリスの物理学者。ファラデーの電磁場の理論を完成させて基本方程式を導き、光が電磁波であることを唱えた。

返した。

「そうだ、そう言うしかない」それがフレデリックの断固たる答えだった。

パウロはもはや冷静ではいられなかった。「諸君」パウロは言って立ちあがり、胸を叩いた。「ぼくはもうこんなことにはつきあっていられない」パウロは部屋から飛び出し、扉を荒々しく閉めた。彼が自室にたどりつくまでぶつぶついう声が聞こえていた。

残ったぼくらは、すっかりうろたえていた。パウロが悪いと言う者もいれば、いやフレデリックが悪いと言う者もいた。この重要な問題は棚上げになった。ぼくらは、けんか腰の二人をどうにかして仲直りさせたかった。それ以上の議論はなく閉会となり、新たな計画は完全に取りやめとなった。ぼくらにも自分では答えられない疑問があることがわかった。そして最善の方法は、天の助けを借りて、ぼくら自身が心の中でそれらの疑問を解決することだと気づいた。次の日曜日、ぼくらは従来の方法を再開し、争った獅子と雄牛も静かにそこにいた。

十二月二十四日、クリスマス・イブ　測量の試験。エドウィンとともに晩の準備に忙

しい。午後七時、集会が始まる。キリスト教徒全員が一丸となって参加。料理を食べ、お茶を飲み、夜十一時までいろいろな話をする。喜び限りなし。

この年のクリスマスの祝祭には上級生も参加し、前年よりも大がかりなものになった。学校が親切にも大教室を貸してくれたので、きれいに飾りつけた。寄付金もたくさん集まったので、本当に楽しい祝祭になった。

白と赤の達磨《だるま》*が相撲をとるという出し物があった。赤いほうの達磨は上級生のジョン・Kがこしらえたもので、とてもよくできていた。赤達磨の中には「四角顔」のYが身体を丸めて入っていたのだが、最初に出てきたとき、誰もがそれを「見えない目と、言葉を理解できない耳を持った」ただの達磨の人形だと思っていた。ところが突然、その目が動きはじめ、「脚のない達磨」が自分の脚で立ち、脇から腕を突き出して、全身で踊りはじめたのである。そのうち白い達磨があらわれて赤達磨と向かい合った。両者はヨナタンの行司で相撲をとった。ああ、何とおかしかったことか！達磨たちが引っこむと、今度は一人の野蛮人があらわれた。腰のあたりをのぞいて

＊原注　中国の仏僧。その人形は子供のための一般的な玩具であり、通常、脚のない姿をしている。

裸である。何とこの野蛮人、キリスト教徒の中では最年長で、いちばん背の高い「長兄」Sその人だった。宗教に関する問題ではつねにぼくらの指導者とみなされていたあのSである。Sはこの恐るべき衣装で一踊りしてから退場した。ぼくらは腹がよじれるかと思うほど笑いころげた。

かつて救世主がぼくらを救うために地上に降りてきたことを、ぼくらはたいそう喜んだ。四百年前のフィレンツェではサボナローラ[21]がこのような聖なるカーニバルを制定し、修道僧たちが次のように歌い踊った。

これほど甘い喜びはなかった
これほど純粋で強い喜びは
熱意と愛と情熱と同様に
こうしてキリストの聖なる狂気を受け入れるのだ
わたしとともに叫べ、わたしが叫ぶように叫べ
狂気、狂気、聖なる狂気を！

十二月二十五日　午前十時半に集会。Sに来て以来、最大の（聖なる）喜び。

これは真の感謝を捧げるための集会だった。お茶も菓子も出ない。祈りと真剣な話のみで、「長兄」Sが指導役を務めた。「伝道僧」Oはクリスマスの祝祭の歴史と存在意義について講演した。言うまでもなく、その朝は誰もが真剣だった。聞くところによると、ルイジアナ州のニューオーリンズでは、断食と苦行に励む四旬節[22]の前には、きわめて熱狂的なカーニバルが催されるという。ぼくらはただルイジアナ人ほど羽目《はめ》をはずさなかっただけだ。

この後、しばらく何も記されていない。

一八八〇年三月二十八日　集会がひどくつまらなくなる。

21　ジローラモ・サボナローラ（一四五二～九八）。ルネサンス期フィレンツェの説教師、宗教指導者。

22　復活祭の前の四十日間。

ぼくらは、自分をいつも白熱した状態に保っておくことはできなかった。じっさい、この年の春はずっと、明らかにぼくらの熱意はしぼんでいた。一度ならず、会員間のささいな揉め事が「教会」全体の平和と調和を乱すことがあった。ぼくらは壁に向かって祈りを唱えているときに、「あてこすり」を言うこともあった。もちろん、天にましますわれらの父に聞かせるためではなく、問題の相手に聞かせるためである。しかし、そんなことがありながらも、ぼくらは「集会」(「ヘブライ人への手紙」十章二十五節)を怠ったりはしなかった。

六月はぼくらにとって宗教的に忙しい月だった。新生二周年をいつものように愉快に祝った。雪が溶け、好天の季節が始まると、相次いで三人の宣教師の訪問を受け——一人はアメリカ人、他の二人はイギリス人——ぼくらの飢えた魂は、たっぷりの説教やその他の宗教的な指導をあたえられて養われた。近くの海港のイギリス領事U氏も来ていた。領事が滞在する家では、ぼくらが今まで見たこともない盛大さで聖公会[23]の礼拝が行われた。この礼拝について若者たちは漠然と「仏教的」だという印象を持った。礼拝式文やサープリス(白い法衣)は、宗教とは質素なものであるというぼくらの考え方にかならずしも一致していなかった。

この礼拝での注目すべき事件は、半異教徒の「好人物」Uと「翼竜」Tほか数人の振る舞いだった。彼らは、二人のイギリス婦人が互いの唇を合わせてあいさつするのを見て、突然、声をあげて笑いだしたのだ。ぼくらは聖書の中で、ラバン[24]が息子や娘に口づけするところを読んでいたが、本物の口づけはまだ見たことがなかった。だが、ぼくらの不作法にまったく弁解の余地はなかった。

七月、上級生が卒業し、それによってキリスト教の理想はより強固になった。卒業生の中には八人のキリスト教徒がいた。すなわち、「長兄」S、「伝道僧」O、「好人物」U、「翼竜」T、聖公会員ジョン・K、「ワニ」W、「パタゴニア人」K、「四角顔」Yである。みんなとてもいい連中だった。中には半異教徒のように見える者、先祖から受け継いだ罪深く、狡猾な性向がわずかに残っている者もいたが、みんな心の底は純粋なキリスト教徒の紳士だった。ぼくらはいっしょに写真を撮り、食事をし、

23　英国国教会の系統に属する世界各地の教会。アングリカン・チャーチ。
24　旧約聖書「創世記」に登場するアラム人。イスラエル三大族長（アブラハム、イサク、ヤコブ）の一人イサクの妻リベカの兄。

近い将来、礼拝堂を建てることについて話し合った。一年もしないうちに、ぼくら残りの八人も彼らに加わり、ぼくらが生きる世の人々にキリストの福音を伝えることになるのだ。

九月十八日　D牧師到着。

九月十九日、日曜日　D牧師を訪ねる。

九月二十日　晩、D牧師による英語礼拝。

D牧師は、ぼくらの敬愛する宣教師H牧師の代理で、当地へは二度目の来訪だった。将来の教会についてぼくらの計画を述べたところ、D牧師は全面的には同意しなかった。

十月三日　新教会建設について相談。

何人かのキリスト教徒が実社会へ出ていった今、ぼくらは自分たちの教会を持ってもよいはずだ。ぼくらはそのための計画を怠らない。

十月十五日　Ｄｅｎ、Ｐ両牧師が当地来訪。Ｎ氏宅にて面会。

この年はたびたび宣教師が訪れた。Ｄｅｎ牧師とＰ牧師は聖公会に属している。ぼくらの活動は宗教界の注目を集めつつある。無視されてはいないのだ。

十月十七日、日曜日　Ｓ氏宅にて集会。六人が洗礼を受ける。午後三時、正餐。

聖なる仲間の数が増えつつある。神に感謝。一つ、残念だったのは、狭いところに二つの教会ができそうな傾向がはっきりとあらわれていたことだ。聖公会とメソジスト教会である。「主は一人、信仰は一つ、洗礼は一つ」と、ぼくらは心の中で考えるようになった。まだ自分の足で立てるほど強くないのに、別々の二つのキリスト教集団を持ったところで何になるのか？　ぼくらはキリスト教の経験の中で初めて、分派主義の弊害を感じた。

十一月二十一日、日曜日　全校のキリスト教徒が集会に参加。

上級生が卒業して以来、しばらく全員が参加しての集会を開いていなかった。今、全キリスト教徒が一堂に会して、新しい教会について——広さ、構造、ここに建てる教会は一つだけにすることの妥当性、その他いろいろ——話し合った。

十二月二十六日、日曜日　「神の選択」に困惑。

ぼくらの小さな教会はふたたび「神の選択」の教義について議論する。その朝議論したのは『ローマの信徒への手紙』の九章である。

ぼくの古びた聖書は、さまざまな色のインクで下線を引いたり、余白に書きこみをしたりして、かなり徹底的に汚してしまったけれども、この恐ろしくも謎めいた章の上のほうには、巨大な釣り針のように大きな疑問符（?）がぶらさがっている。われらがパウロ「〇tのこと」の悲観的な結論はこうだ。「もし神がある器を貴《とうと》いことに用いるために作り、別の器を貴くないことに用いるために作るのだとしたら、救われようと努力するのは無駄なことだ。なぜならそれは神が勝手に決めることだからだ。救われるか、地獄に堕ちるかは、自分の努力とはまったく関係ないことになる」。どの地方でも、沈思黙考するすべてのキリスト教徒が同様の疑問に苦しめられている。

まあ、そんなことは放っておけばいい。「神の選択」の教義を理解できないからといって、聖書やキリスト教を捨て去ることはできないのである。

一八八一年一月三日「パルミラ」に招かれる。夜九時までゲームとくじ引き。

キリスト教徒の卒業生たちには家があり、そのうちの何人かは同じ一つ屋根の下で暮らしていた。彼らの住処《すみか》は人里離れた広い農場の真ん中にあり、ぼくらは美しきゼノビア［古代シリアの都市パルミラの女王］の「砂漠の都市」にちなんで、パルミラと呼んだ。このような招待はかなり頻繁にあり、ぼくらの心の結びつきを強めるのに大いに役立った。

ぼくらは愛餐会［宗教的会食］を開いたが、ウェスリー［メソジスト教会の創設者。厳格な禁欲的生活を求める］の弟子たちに比べれば、腹ごたえのある内容だった。牛肉、豚肉、鶏肉、玉葱《たまねぎ》、甜菜《てんさい》、じゃがいもを全部一つの鉄鍋に入れて煮たのである。キリスト教徒の男女が金属製の容器を囲んで、ごちそうになった。もちろん、礼儀作法といったものはあまりなかった。しかし、礼儀作法の厳格さは、たいてい、心と心の距離の二乗に反比例する。「同じ釜の飯を食った仲」とは、ほとんど血縁関係に匹敵する親密さをあらわすのによく用いられる言い回しである。

ぼくらは信じた。そして今も信じている。同じ一つの理想のために戦い、苦しむ人々には、儀式を執り行う牧師の手によってパンをちぎり、ワインを飲む以外にも、何らかの団結の絆が必要である、と。このような一団が「二つの教会」に分かれることができるだろうか、たとえ二つの異なる宗派の牧師が、ぼくらの額に十字を記したとしても？ そう、ぼくらは一つなのだ。鍋で煮た鶏肉が一つであったように。ストーブから取り出され、ヨナタンがヒューと分け合った大きなじゃがいもが一つであったように。


一月九日、日曜日　新しい教会を建設するための委員会の委員に任命される。

新教会の建設が決まり、そのための委員が任命された。委員会のメンバーは「長兄」S、「ワニ」W、「伝道僧」O、そしてエドウィンとぼくである。


三月十八日、金曜日　委員会の会合。場所と建物について決める。

D牧師から手紙が届き、アメリカのメソジスト監督教会が新教会の建設資金として四百ドルを援助してくれるという。ぼくらは、ただあたえられることは望まず、借りるだけで、なるべく早い時期に返済したかった。そうしたいのには大きな理由があったのだが、それはのちほど明らかになる。土地に百ドルかかることになっており、残りの資金は建物に投入するつもりだった。だが待てよ、みんな。メキシコ銀の四百ドルは、わが国の紙幣でおよそ七百円になるだろう。それだけの金額を一年かそこらで全部返せる自信はあるのか。きみたちの今の月給は一人三十円じゃないか。ああ！　これは大問題だ！　教会は欲しい、教会はなくてはならない。しかし、独立が……うーむ、どうしたものか。

三月二十日、日曜日　大工が来て、新教会建設の見積もりを示す。

建物の設計図はよくできているようだ。しかし、このような教会を作るためには負債を負わなければならない。ああ！

三月二十四日、木曜日　D牧師から為替が届く。銀行にて換金。晩、委員会の会合。D牧師に手紙を書く。

ついに資金が届く。ヨナタンが当分のあいだ会計係を務める。学校の寮の自室に厚さ十センチの札束を持って入る。これほどの大金を扱うのは生まれて初めてのことだ。しかし、よいか、わが魂よ。この金はおまえのものではないし、厳密には教会のものでもない。いつかは返さなければならない金である。心して使え。

三月三十日　午後七時よりジョン・Ｋの結婚式。Ｄｅｎ牧師が司式を務める。その後、お茶とお菓子のもてなし。十時まで大いに楽しむ。当地Ｓのキリスト教徒同士が結婚するのはこれが初めて。

聖公会信徒のジョンは、キリスト教徒の若者の中で結婚という幸福を得た最初の人だった。結婚式は聖公会方式で行われ、花嫁と花婿は祭壇の前で指輪を交換した。それは古くから慣れ親しんだわが国の習慣とはまったくかけ離れていた。茶菓が出されたテーブルで、何人かの若者が一人ずつスピーチをして、新婚夫婦に成功と幸運を祈る祝辞を述べた。だが、ぼくらはほとんど信じられなかった。クリスマス・イブのために赤達磨をこしらえた男が、今や人の夫とは！「あなたが家に迎え入れる婦人を、どうか、主がイスラエルの家を建てたラケルとレアの二人のようにしてくださるように」（「ルツ記」四章十一節）。彼女もまた同じように、ぼくらが計画している神の家の建設を手助けしてくれるだろう。

三月三十一日　教会問題が困ったことになる。晩、委員会の会合が開かれ、新築は断念することに決定。

じつは、ぼくらが購入しようと考えていた土地が入手できないことになったのだ。別の土地を見つけることもできなかったので、「パタゴニア人」Kが示唆するように、「セミラミス女王[25]に倣って教会を空中にぶら下げるか、でなければ教会を新築するという考えを完全にあきらめるしかない」ということになった。そのような結論に達したことを、ぼくらは残念だとは思わなかった。大きな借金を抱えるのがひどく恐ろしかったからだ。どこであれ礼拝所が持てるなら、どんなに粗末な場所でもかまわない。借りた金で建てた立派な建物よりも、ずっとそちらのほうがいいと、ぼくらは思った。

25　アッシリアの伝説上の女王。バビロンの空中庭園を造ったとされる。

四月一日　大工が去り、問題はさらに困ったことになる。

四月三日　「長兄」Sが大工と話し合う。問題はなんとか解決に向かっているようだ。

四月十五日　大工に二十円を支払うことにする。

委員会のメンバーである出しゃばりのエドウィンが、決められた期限内に木材を準備させる取り決めを、大工と結んだ。そこで大工は男たちを山にやって、木を切ってこさせた。問題はこうである。

ソロモンは自分のためにエルサレムに神殿を建ててくれるようにヒラムと口頭で契約を結んだ。[26]ヒラムはソロモンの言葉を信じた。だからすぐに男たちをレバノンにやって、王のために、その地の杉を伐採させた。ところがその後、ソロモンは、神殿を建てようと思っていたモリヤ山を手に入れることができないと知った。誰か他の者がすでに所有していたのである。それにソロモンはファラオから借金をするのは、計画を成し遂げるには必要なことではあったが、あまり気が進まなかった。そこでソロモンは神殿の建設計画をとりやめた。しかしレバノンでは、ソロモンのために木を切り倒すヒラムの手下たちの斧の音が響きわたっていた。いっぽうヒラムは別の仕事でシドンに出かけていたため、ソロモンはヒラムを見つけて建設のとりやめを伝えることができなかった。計画とりやめを知らせるのが一日一日遅れるにつれ、双方ともにいよいよ面倒なことになっていった。

ソロモンと顧問官たちは不安になった。ヒラムがついにティルスに戻ってくると、ソロモンは神殿の建設がとりやめになったことを伝え、レバノンから手下全員を呼び戻すように指示した。しかし、ヒラムの手下たちは二週間以上も山の中にいて、すでにかなりの数の杉や檜《ひのき》を伐採し、木材を用意していたので、ヒラムはソロモンに損害を埋め合わせるよう求めた。ソロモンは顧問官たちにこの問題を相談した。

「長兄」Sと「ワニ」Wは、ベンサム[27]やジョン・スチュアート・ミル[28]を少し読んでい

26　旧約聖書「列王記上」五章を参照。
27　ジェレミー・ベンサム（一七四八〜一八三二）。イギリスの法学者、倫理学者、経済学者。最大多数の最大幸福こそ正邪の判断の基準であるとして、功利主義の基礎を築いた。
28　イギリス十九世紀中葉の代表的な哲学者、経済学者。ベンサムの功利主義から強い影響を受けた。一八〇六〜七三。

たので、こう考えた。ヒラムと交わした契約では、ソロモンは王の印章を押していない。ゆえにソロモンにはヒラムの損害を補償する法的義務はない、と。

だが王の他の顧問官たち、「伝道僧」Oとヨナタンはそうは思わなかった。ヒラムは、エホバとその契約を信じる者の言葉として、ソロモンの言葉を信用した。王の印章が押されていても、いなくても、その点は変わらない。王は金を支払わなくてはならない。でなければ、ダビデの家は人々の信頼を失う。

しかし、SとWは法的信念を強硬に主張し、イスラエルの民全体が彼らの主張に賛成した。だがOとヨナタンは、そのようなやり方には納得できなかった。

冬の寒い朝、二人は雪の上で話し合い、自分たちだけで責任を負うことにしようという結論に達した。二人はヒラムとひそかに会い、自分たちは貧しいけれども、あなたが不当に扱われるのを見るのは心苦しい、と伝えた。ヒラムは二人のイスラエル人《びと》の誠実さに感銘を受け、自分も損失の一部を負担しよう、イスラエルの人々からは二十円だけもらってよしとしよう、と言ってくれた。ヨナタンはまだ学生で、定収入は週にたったの十銭である。Oが全額を支払い、ヨナタンは今度の七月に学校を卒業するときに自分の分をOに支払うことになった。こうしてこの難題は、ソロモンの二人の顧問官による小さな自己犠牲によって、すべて解決した。
　その後、「好人物」Uとヒューが支援を申し出て、Oとヨナタンの抱えた負債の一部を分担してくれた。わざわざ書くほどのことはない些細な出来事だ、と読者は言うかもしれない。しかし、このような経験は、ぼくらが熱心に勉強しているすべての神学や哲学よりも、神と人間について多くのことを教えてくれるのだ。

四月十七日、日曜日　午後、チャールズと出かけ、家を探す。「長兄」S宅で委員会の会合。
　新築の教会はあきらめたので、すでに建っている家を探しはじめる。

四月二十四日　Oと会って教会について相談。

四月三十日　Oを訪ねる。教会の独立が初めて話題にのぼる。
　礼拝所探しは難航した。みんなは少し落胆していた。聖公会の仲間はすでに自分たちの礼拝所を持っている。ならば、ぼくらもいっしょに彼らの教会に集まればいいではないか？「必要は発明の母である」。教会を持てなかったことによって、ぼくらはキリスト教の団結と独立という、より高邁《こうまい》にして崇高な考え方に到達したのである。聖霊がぼくらを導いてくれたのだ！

五月十五日、日曜日　「パルミラ」で教会の集会。独立について話し合う。さまざまな意見が出る。はっきりとした結論が出ないまま閉会。

問題はより重大になりつつある。キリスト教徒全員が集まって、教会の独立という最重要問題について話し合う。ヨナタンは若く、理想に燃え、衝動的だ。既存の宗派に別れを告げ、新しい独立した団体を作ることは難しくないと考えている。しかし「長兄」Sと「ワニ」Wは慎重で、ぼくらにそんな軽率なことはさせまいとする。「好人物」Uと「伝道僧」Oはヨナタンに味方するが、ヨナタンほど成功を確信しているわけではない。その日の午後ははっきりした結論は出なかった。

五月二十二日、日曜日　教会の独立は、会員のあいだでは大方の一致した意見となりつつある。晩、Oと会って、いっしょにぼくらの憲法を起草する。

五月二十三日　Oと会い、教会問題について相談。蕎麦《そば》をごちそうになる。

独立を求める声が優勢になりつつある。Oとヨナタンは、将来の独立教会のために憲法の起草を試みる。欧米の指導者たちも頭を悩ませた仕事に、二十代の二人の青年が取り組むとは！　何と馬鹿げた！　しかし何と勇気あることだろう！　「神は知恵ある者に恥をかかせるため、世の無学な者を選んだのである」〔新約聖書「コリントの信徒への手紙一」一章二十七節参照〕。とりあえず、疲れたら、蕎麦で元気を回復することにしよう。

月の終わり近くにD牧師が三度目の来訪。いつものように説教、洗礼、聖餐式を行う。しかし、ぼくらは、D牧師の属するメソジスト監督教会から別れようとしていることをうまく隠しておくことができず、牧師はそのような意図をあまり快く思わなかった。ぼくらのところに九日間滞在した後、伝道所に帰った。彼にとって最高に楽しい訪問とはいかなかった。

そうこうするうちに、ぼくらの学校生活は終わりに近づいていた。

六月二十六日、日曜日　学校での最後の安息日。集会で仲間たちがそれぞれの心境を語る。Wは祈りを捧げた。ぼくは、神の王国のためなら、どこへ派遣されてもかまわない、と述べた。チャールズは、世俗の仕事に従事しながら王国のために働くつもりだと語り、キリスト教活動のこの段階の重要性を強く訴えた。フランシス、エドウィン、パウロ、ヒューが後に続き、学校生活において、集会によってどれほど恩恵を受けたかを語った。Yはぼくらに激励の言葉を送った。Zは、人の心の改善は人類の仕事であると力説した。「カハウ」も自分の気持ちを吐露した。閉会にあたり、フレデリックが祈りを唱える。学校時代全体を通じて、こんな集会はほかになかった。

ひじょうに感動的な集会。四年間の長きにわたり、暑いときも寒いときも、愛するときも憎むときも、みなが集まった「教会」は、今ここに解散することになった。さらば、小麦粉樽の説教壇よ！　ぼくらはいつの日にか、ボストンを訪れ、トレモント大聖堂やトリニティ教会で礼拝したり、ヨーロッパを巡り歩き、パリのノートルダム大聖堂やケルンの有名な大聖堂で聖なるミサ曲を聴いたりするかもしれない。ローマのサン・ピエトロ大聖堂で教皇の祝福を受けるかもしれない。

しかし、フレデリックやヒューがおまえ［説教壇］の上から使徒の祝福を唱えたとき、おまえが持っていたその不思議な力、その神聖さは、けっして引けをとらないであろう。さらば、聖俗両方の宴において、ぼくらの心を固く結びつけた愛用の水差しよ！　いつか黄金の聖杯でワインを飲むことがあるとしても、そのワインには、おまえ「水差し」の口から注がれた冷たく泡立つ液体が、ぼくらの種々雑多な心を調和させ、一つにまとめたときのような結合力はけっしてないだろう。さらば、青い毛布よ！　おまえが提供してくれた「会衆席」ほど居心地のよい場所は、これから先ないだろう。さらば、小さな「教会」よ！「呼び物」や子供らしい実験の数々、口論や当てこすりがまじった祈り、愉快なおしゃべりや日曜午後の宴会よ！

楽しい安息日学校！　私の大切な場所
世界一美しい宮殿の丸屋根にもまさる、
私の心はいつも喜びとともに汝に向かう、
私の愛する安息日の家よ。

ここで初めて、わがままで漫然とした私の心は、
命のあり方を教えられた、
ここで初めて私はよりよき役割を求め、
安息日の家を得た。

ここにイエスが立ち、慈愛のこもった声で、
私を招き、
彼を唯一の者として選ばせた、
この愛する安息日の家で。

安息日の家よ！　聖なる家よ！
私の心はいつも喜びとともに汝に向かう、
私の愛する安息日の家よ。[29]

七月九日、土曜日　卒業式の日。午後一時十五分、兵式体操。二時、卒業式開始。演

説の内容は次のとおり。

苦労の後の休息は幸いである　エドウィン

農民の道徳の重要性　チャールズ

農業は文明を助ける　パウロ

植物学と農業の関係　フランシス

化学と農業の関係　フレデリック

科学としての漁業　ヨナタン

拍手喝采の中、校長による学位の授与。

この日、大きな栄誉をあたえられたことを、天の父なる神に感謝する。学校を去る日は近い。サタンの息子たちの中（つまり世の中）に出ていかなければならないとい

29　アメリカのC・R・ブラックオール（一八三〇～一九二四）作詞による賛美歌。

う、自分に課せられた重責を思うにつけ、いやでも信仰心が強まるのを感じる。心に喜びはあるが、涙もないわけではない。天の父なる神のお役に立てるよう、その恩寵をひたすらつつましく祈るのみだ。

ぼくの学年は入学したとき二十一人だった。病気や落第で卒業時には十二人まで減っていた。そのうち七人がキリスト教徒で、この七人が、卒業式の日、上席七つを占めていた。非キリスト教徒たちがキリスト教に反発した主な理由の一つが、日曜日に勉強することが許されないことだった。ぼくらキリスト教徒はこの安息日の戒律を受け入れた。試験はいつも月曜日の朝から始まったが、日曜日はぼくらにとっては休息の日であり、物理学も数学も、何であれ「肉」に関係することも、安息日には排除された。

しかし、見よ！　学校時代の終わりに、これまでの「成績」が合計されると、ぼくら安息日を守った者たちが、学年の上位七席をあたえられ、全員が卒業演説者に選ばれ、一つをのぞくすべての賞を獲得したのだ！

こうしてぼくらは、安息日を守ることの「実際的な利点」をまた一つ証明したわけである。もちろん安息日に神の永遠の律法の一部として本質的な価値があることは言うまでもない。

七人は今やキリスト教徒の「貢献可能な」勢力に新たに加わり、まぎれもない真の教会を持てるかもしれなかった。世の中に出たらすぐに本物の教会を――おもちゃの教会ではなく――持つのが夢ではなかったか？　ぼくらは家庭を持ち、お金を稼ぐことを考える前に、教会を建てることを考えた。われらのジョンが説教で言っていたように、「野良犬のように異教徒を追い散らし」、人と悪魔とすべてのものを征服しようではないか、ぼくらの結束した力と勇気によって。

輝かしい大人になることが約束されている青春の辞書に、「失敗」という言葉はない。

――エドワード・B・リットン[30]

30　エドワード・B・リットン　イギリスの小説家、劇作家、政治家。一八〇三～七三。

第四章　新しい教会と平信徒伝道

学校を卒業してすぐに、ぼくらは一人月給三十円の地位を提供された。実用科学を学んだぼくらは、国の物的資源を開発することを目標として掲げていた。けっしてこの目標を見失うことはなかった。ナザレのイエスは、大工の息子に生まれたことによって人類の救い主となった。ゆえにぼくら卑しいイエスの弟子たちが農民、漁民、技術者、製造業者であると同時に、平和の福音の伝道者であってもおかしくない。

例をあげれば、聖書に登場するペテロは漁師で、パウロはテント職人だった。ぼくらはキリスト教をいかなる種類の聖職階級制度とも教会主義とも解釈したことはない。キリスト教を基本的に民衆の宗教と考えているので、「世俗の人」だからといって、伝道者や宣教師になるうえで、なんの障害にもならない。大学出身の若者たちの中でも、農学校を卒業したときのぼくらほど信仰に打ちこんだ者はいない、と自負している。受けた教育とその目的は物質的なものではあったが、ぼくらの目標は宗教的なものだった。

卒業後、ぼくはふたたび首都にある実家を訪れた。今度は「六兄弟」も全員いっしょに上京した。首都滞在はひじょうに楽しいものとなった。あちこちの宣教師たちから招待され、ぼくらのわずかな行いを称賛され、これまでの経験について彼らの集会で話すように頼まれた。

ぼくらは教会の構造やその管理方法を学んだ。帰ったときに、ぼくら自身の教会で応用するためである。原生林に囲まれ、熊や狼が出没する遥か北からやってきたけれども、自分たちがキリスト教徒の中で最も知性が劣っているわけではないことがわかった。小麦粉樽の説教壇の上から語られ、青い毛布の上で議論したことは、首都の教会の教えや文化と比べても、さほど未熟な考えではなかった。それどころか、いくつかの点では、専門の神学者の下で教育を受けた友人たちよりも、ぼくらのほうが深淵で健全な考えを持っていると思った。

ぼくはまた、二年前にそうしたように、友人や親戚のあいだで伝道活動を続けた。

最大の反対論者は父だった。父には父の学識と強い信念があり、改宗を働きかけるのが最も難しい人だった。ぼくは三年間、父に本や小冊子を送りつづけ、まめに手紙を書き、キリストのもとへ来て、救済を受けるようにと懇願した。父は貪欲な読書家だったので、ぼくの送った本は完全に無視されたわけではなかった。しかし、どうしても父の心を動かすことはできなかった。

父は、社会道徳の観点から言えば、正しい人だった。そしてそういう人がつねにそうであるように、父はそれほど救済を必要としてはいなかった。ぼくは卒業するとき、学業成績と勤勉さに対して、ふたたび少額ながら賞金をもらったので、なるべく有益な使い途《みち》を考えた。そのことについて神に祈った。そのときふとひらめいた。両親に贈り物をしよう。それには、中国にいたドイツ人宣教師ファーベル博士が書いた『馬可講義（マルコによる福音書の註解）』がいちばんいいだろうと思った。この著作は全五巻からなり、対象とする読者をよく理解した、堅固にして広範な学識の所産として、かつても今も、ひじょうに高く評価されている。訓点なしの漢文で書かれていたので、その難解さが父の知的欲求を刺激し、精読したくなるかもしれない、と考えた。ぼくは二円を投じてこの著作を買い、トランクに入れて父のところまで運んだ。ところが悲しいことに、それを贈ったとき、父の口からは礼も感謝も出なかった。ぼくの心からの切なる願いは、きわめて冷淡に受けとめられたのである。ぼくは押し入れにこもって泣いた。

本はすべて他のものといっしょにガラクタ箱に放りこまれたが、ぼくは第一巻を取りだして、父の座卓の上に置いておいた。暇でほかに何もすることがないとき、父は一ページかそこら読んでは、またガラクタの中に放りこんだ。ぼくはまたそれを取りだし、前と同じように座卓の上に置いた。ぼくは辛抱強くこれをくりかえしたが、父はなかなか読もうとしなかった。けれども最終的にはぼくが勝った。父は第一巻を読み通したのだ！　父はキリスト教を馬鹿にしなくなった！　本の中の何かが父の心に触れたにちがいない！　ぼくは二巻目も一巻目と同じことをした。するとどうだろう、父は二巻目も読み終え、キリスト教に好意的なことを言いはじめたのである。ありがたいことに、父はこちらに来そうだった。父は三巻目を読み終えた。そして父の生活や態度にある変化が見られた。酒を飲む量が減り、妻や子に対するふるまいが前よりも優しくなっていたのだ。四巻目を読み終わったところで、ついに父の心はこちらに傾いた！「倅《せがれ》や」父は言った。「今までの私は傲慢な人間だった。きょうから私はぜひともイエスの弟子になろう」

ぼくは父を教会に連れていき、父が心底から揺さぶられているのがわかった。父はそこで耳にしたあらゆることに感動した。いつも武士らしく鋭かった目は、今や涙に濡れていた。もう酒には触れようともしなかった。それから十二カ月後に洗礼を受けた。

父は聖書をひじょうに深く研究した。もともとけっして悪い人だったわけではないが、それ以来、キリスト教徒らしい慈悲深い人になった。息子がどれほど喜んだかは、読者の判断にお任せする。――エリコ[1]が陥落すると、カナンの地の他の都市も次々に占領された。いとこ、おじ、弟たち、母、妹と、みなが後に続いた。

そして十年間、神の摂理の手はぼくらをひどくつらい目に遭わせた。ぼくらはさまざまな困難を経験してきた。信仰ゆえに世間から嫌悪の目で見られた。神の御名のために、安楽な生活はほとんどあきらめざるをえなかった。それでもぼくらは、天にいます主への愛と忠誠では、この国の他のどんな家族にもひけをとらないと思っている。

四年前、家族に新たな一員[2]が加わった。当時彼女は「異教徒」だったが、それから一年もしないうちに、主なる救い主に誰よりも忠実な者になった。よき主は、彼女を一年半だけぼくらのところにとどまらせた後、連れ去ってしまった。しかし、彼女はぼくらのところに来ることによって、自分の魂の救い主を見つける機会を得たのである。彼女が主を信じ、主の歓喜と至福の中へと去ったのは、主と国のために、まことに勇敢に戦った後のことである。

幸いなるかな、主の中で眠る彼女は。

幸いなるかな、絆が主の中にあり、それが精神的な絆であるぼくらは。

秋にはふたたび北の活動の地へ戻った。弟もいっしょに連れていった。なぜなら、わが家は貧しく、両親の負担を取り除く必要があり、今やぼくは給料をもらっていたからである。エドウィン、ヒュー、チャールズ、パウロといっしょに同じ一軒の家で共同生活を始めた。学校生活の延長のようなものだったが、学校時代の寮生活よりは、ほんの少し自由で居心地がよかった。

1　旧約聖書でイスラエル民族がカナン（パレスチナ）侵攻のさい、最初に征服した町。

2　内村の妻、加寿子のこと。一八八九（明治二十二）年に結婚し、九一（明治二十四）年に死去。

十月十六日日曜日　K君が説教をする。ぼくらは初めて南通りの新教会で会合する。
K君は長老派の信徒で、学校の卒業生ではなかったが、ぼくらのキリスト教コミュニティーに加わった貴重な一人だった。まだ若いながらも、深い敬虔さとキリスト教徒としての豊富な経験の持ち主だった。

ぼくらが首都にいるあいだ、「伝道僧」Oはぼくらのための礼拝所探しに奔走していた。そうして見つけたのが、一つの建物の半分で、それを二百七十円で手に入れた。ぼくらの領分はおよそ九メートル×十一メートルの広さの二階建て、屋根は板葺きで、家の二倍ほどもある広い庭がついていた。共同住宅として建てられた家なので、炊事場と囲炉裏《いろり》がかなり大きな部分を占めていた。二階の二部屋は賃貸して、教会の経費の足しにすることにした。一階は教会として改装した。ヒューは六脚の頑丈なベンチを注文した。これは男性出席者のためのものだった。女性は説教壇の真ん前の畳に座った。説教壇は一段高い演壇と、きわめて簡素な造りのテーブルからなっていた。それでも「始めの教会」の頃の小麦粉樽の説教壇に比べれば格段の進歩だった。出席者が多くて座れない場合は、床に四角く切られた大きな囲炉裏を松材の板で覆い、そこに毛布を敷けば、あと十人は座れた。五十人も出席すれば教会は満杯になった。冬は説教壇の前の大部分をストーブが占拠してしまうので、男性の会衆からは説教者の顔が煙突に隠れて見えない。家の隅から隅まで、さまざまな人々であふれ、それぞれが最も快適と思われる格好で座ったり、もたれたりしていた。

このときにはすでにオルガンもあった。Ｄｅｎ牧師から譲られたものだ。――まったく申し分がない、とまでは言えないが、会衆が歌う賛美歌をリードするにはそれでじゅうぶんだった。神の親切な摂理のおかげで、この楽器を演奏するＦ君という人がいた。Ｆ君もまた、教会に新たに加わった貴重な一人だった。天井の高さはわずか三メートルほどしかなく、オルガンの大音響に五十人以上の大合唱が加わり、しかも粗野な大声だったため、建物は恐ろしいほどの不協和音で震えた。

壁一つ隔てた隣の住人は、平穏をはなはだしくかき乱され、まったく不当とは言えない苦情をひっきりなしに申し立てた。災難だったのは二階の下宿人である！　週の中でも日曜日がいちばんひどかった。兄弟たちは朝早くに礼拝所に集まってくる。それから夜の十時に晩の礼拝が終わって、みんながねぐらに帰るまで、家の中では何かしら人の声がしているのだ。

ぼくらは生まれて初めて自分の家を持った。そして、まったく前例のないやり方で、その家を用いた。教会に最近加わったばかりの最年長の会員は、この家を「宿屋」と呼んだ。人生の旅路の途中でいつでも立ち寄り、疲れを癒すことのできる宿屋だというわけだ。年長者として多忙な生活を送る彼は、休息が必要になるといつも立ち寄った。そこは読書室であると同時に、教室、会議室、食堂、集会室でもあった。横隔膜が破れんばかりの笑い声、心の奥底に触れる悔悛の嗚咽《おえつ》、いちばんの大秀才でさえへとへとになるほどの激論、市場と蓄財計画の話など、このきわめて便利な家では、ありとあらゆることが聞こえてきた。それがぼくらの教会であり、こんな場所は世界中のどこにも見られない。

統合と独立に向けた活動がひじょうに精力的に推し進められた。聖公会信徒の兄弟姉妹が自分たちの礼拝所を捨て、ぼくらに合流することになり、書籍とオルガンを持って引っ越してきた。礼拝所の購入を援助した英国聖公会宣教協会が、空いた建物を引きとり、いっぽう聖公会を脱会した「改宗者たち」は、メソジスト監督教会宣教団からぼくらが借りた借金の返済に協力してくれることになった。借金返済がすみ次第、両者はそれぞれの宗派を捨て、一つの独立した土着の教会を設立するのだ。

計画は合意に至り、ぼくらにはなんの支障も感じられなかった。外部の友人たちだけが、計画の妥当性と実現性、ぼくらが将来直面するかもしれない大きな困難について、盛んに議論した。だが、ぼくらには自分たちが将来どうなるのか、まったく見当もつかなかった。そんな「ありがたい無知」のおかげで、統合は完成した。心配性の友人たちが予期したような困難は何もなかった。

新教会の組織は、考えうる最も簡単なものだった。ぼくらの信条は使徒信条［使徒から伝えられたとされる信仰告白文］であり、教会規律は五年前にニューイングランドから来た教授が作成した「イエスを信じる者の誓約」を基にしていた。教会は五人からなる委員会によって管理され、その一人は会計係だった。日常の業務はすべて委員会が行うが、たとえば会員の入会、退会といった、「誓約」が触れていない事柄が生じた場合には、教会の全員が招集された。そして、それを有効とするためには、全体の三分の二以上の賛成票が必要だった。

教会はすべての会員に対して、教会のために何かをするよう求めた。何もしないでいることは許されず、何もできない者には、ストーブ用の薪をのこぎりで挽かせるのだ。誰もが教会の成長と繁栄に責任を持っていた。この点で、「伝道僧」Oと最年少会員の「お松ちゃん」の責任の重さは同じだった。

もちろん、誰もが説教をしたいわけではなかった。そこで「伝道僧」O、「ワニ」W、聖公会員ジョン、そしてヨナタンが順番に説教壇に立った。これについては長老派信徒の友人K君に大いに助けられた。

頼れる会計係ヒューは、複式簿記という方法で帳簿をつけた。特別視察委員会というものがあり、そこではわれらの善良なるエドウィンが大活躍のようだった。年少の会員たちは聖書売りの仲間を作り、聖書や小冊子を近隣の町や村に売り歩いた。会員の多くはほとんど町の外にいて、未開の地域を探検したり、土地を測量したり、鉄道を建設したり、さまざまなことに携わっていた。しかし誰もが、町にいるぼくらと同じくらい、キリスト教活動に忙しく取り組んでいた。

ぼくらの目指す大いなる目的のために、組織全体がどのような活動を展開したかを、詳しく見ていこうと思う。

十月二十三日　ぼくらはYMCA(キリスト教青年会)を設立する。ぼくが副会長に

任命される。

とくに若者を対象とする活動がぜひとも必要となり、その活動の一つとしてYMCAが加わった。昨年夏、首都に滞在していたときに思いついた考えである。

十一月十二日　YMCAの開会式。聴衆はおよそ六十人。式の後、強飯《こわめし》［おこわ］でもてなす。たいへんな盛会。

　ぼくらの小さな教会は超満員になった。強飯は米を小豆といっしょに炊いたもので、たいてい、祝いの席に供される。おいしいけれども、消化不良の人は手を出さないほうがよい。丈夫な胃袋でないと、消化できないのだ。――そういえば、ぼくはその日の演説者の一人だった。演題は「帆立貝とキリスト教の関係」。眼目は、地質学と創世記を両立させることにあった。とくに帆立貝を選んだのは、このペクテン・イエッソエンシスという学名の種が、当地の海岸で最もよく見られる軟体動物であり、その貝殻の化石がたくさん発見されていたからだ。その頃、ぼくらの周囲では、「進化」「生存競争」「適者生存」といった言葉がよく聞かれた。だから、当時わが国で注目されはじめていた神を信じない進化論者たちに一撃を加える必要があると思ったのだ。

妙な演題だと思われただろうが、若者たちはぼくの話を熱心に聴いた。

十一月十五日、火曜日　午後三時、W、Oと会合し、教会のことを話し合う。四時、会衆が全員集まり、教会の将来について議論する。——C教授から送られたアメリカ金貨百ドルを受けとる。

委員三人の準備会合の後、会衆全員による全体集会が開かれた。実社会の荒海に乗り出した今、人間存在が、教室で思い描いていたのとは異なる、現実の、容易ならぬものだということに、ぼくらは気づいた。物事はぼくらが意図し、計画したとおりには運ばなかった。みんながみんな熱く真剣に教会のことを考えているわけではなく、一部では興味の衰えが見てとれた。

ぼくらはすでに四百ドルもの借金を抱えており、教会の運営には思いのほか経費がかかった。もっとも、登壇する説教者には何の謝礼も払わなかったが。これらの困難にどうやって立ち向かうべきかを、この集会で決めなければならなかった。しかし、いい考えは何も出てこない。あとはぼくらが自腹を切る覚悟をするしかない。大義のために持てるものすべてを捧げる必要があるかもしれないからだ。

ぼくらは、ため息をつき、不安な気持ちのまま解散した。――「伝道僧」Oがねぐらに戻ってみると、見よ、何かが彼を待っている。百ドルの小切手だ。「イエスを信じる者の誓約」の作者がニューイングランドの自宅から、ぼくらの教会のために送ってくれたのだ！　主は備えてくださる《ヤーウェ・イルエ》！［旧約聖書「創世記」二十二章十四節］みんな、顔を上げよ！　天の父はぼくらを見捨ててはいない。吉報は会衆全体に伝わり、ぼくらの心に希望がよみがえった。

十二月十八日、日曜日　激しい吹雪。ぼくが説教をする。教会内に雪が吹きこみ、たいへん悩まされる。

安普請の木造の建物は防雪対策が施されておらず、その日、女性用の座敷は使えなかった。おまけに帰りのそりが雪の中で立ち往生し、彼女らは帰宅するのにたいそう苦労した。こんな天気の日に行われた集会を、ぼくらは忘れない。

十二月二十九日、木曜日　午後いっぱい多忙。夕暮れ前にすべて準備が整う。午後六時、集会が始まる。兄弟姉妹三十人が出席。Sにおけるこれまでで最高の集会。全員

が心情を吐露し、夜九時半まで、自由闊達に楽しく晩を過ごす。

恒例のクリスマスの祝祭は、すべての教会員が町に戻ってこられるこの日まで延期された。これは基本的にキリスト教の集まりだった。もはや、二年前のクリスマスのような、達磨の相撲も、野蛮人の踊りもなかった。この夜、ぼくらが感じた喜びは、真に宗教的なものだった。この年は大成功の一年で、ぼくらが成し遂げた成果は小さくなかった。苦労の後の喜びは心地よい！

一八八二年一月一日、日曜日　午後、教会に全員が集まり、心境を語る。D牧師とH牧師から手紙。大いに心を痛める。

じつは、ぼくらが互いに「新年おめでとう」と言い合い、過ぎ去ったばかりの一年の神の恵みを喜んでいるときに、二通の手紙が届いたのである。一通はぼくらの敬愛する宣教師の友人、H牧師から、そしてもう一通はD牧師からだった。

後者は短く、厳しい手紙で、独立した教会を結成するというぼくらの計画を認めることはできない旨を簡潔に述べ、礼拝所を建てる資金としてD牧師の教会から送られた金をいくらかでも彼あてに電信で返金するよう求めるものだった。彼の手紙は、ぼくらの行動に対してはっきりと反対を唱えるものとみなされた。宗派から離脱するなら、うちの教会から借りた金を返せと要求されたのだから、そう解釈するしかなかった。彼の手紙をそう解釈するのは、まったく不合理というわけではなかった。ぼくらの財政状態を彼はよく知っていたはずであり、しかも彼の言葉はあまりにも少なく、ぼくらの目的に対する心からの同情の気持ちがほとんど伝わってこなかったからである。

メソジスト監督教会宣教団が、ぼくらの土地にメソジストの教会を設立させるために金を貸すというのなら、ぼくらは絶対に支援を求めなかったはずだ。ぼくらの独立は、メソジスト派への反逆を意図したものではなく、天にいます主への心からの忠誠と、祖国を愛する強い気持ちをあらわすことを意図したものである。宣教団はその金をくれると言ったが、ぼくらは借りたのだ。

当時、ぼくらは皆若く、血気盛りでもあった。「今すぐ払ってしまおう。C教授から受け取った金はまだ手つかずだ。教会の金庫を最後の一銭まで使い切って、借金を全部返したらいい！」と一人が言った。「賛成！　払おう！」全員が答えた。ヨナタンが会計係のヒューと相談したうえで、教会の金庫にある金を全額、電信為替でD牧師に送ることになった。一月一日に届いたこのありがたくない手紙ほど、聖公会とメソジストという、当地の二つのキリスト教団体を固く結びつけたものはなかったと思う。

一月六日　D牧師に電信為替で二百円を送る。

ぼくらはD牧師の要求に応えてメソジスト派からの借金をすぐに全額返済しようとした。しかし、いかなる手段を使っても、それは無理だった。ぼくらは兄弟たちから、すでにかなり高い会費を取っていたので、もうそれ以上会費を引き上げるわけにはいかなかった。C教授からの寄付金が今回の支払いの大部分を占めた。受けとったばかりの金をこんなに早く手放すというのは、あまりうれしいことではなかった。

一月七日　明日の献堂式の準備で忙しい。

一月八日　S教会の献堂式が午後二時から始まる。

出席者はおよそ五十人。きょう、ぼくらはこの教会を神に捧げる。主の栄光が、こ

の場所からこの地域全体に輝きますように。

こうしてともに負うことになった重荷が、ぼくらの心を一つに結びつけた。そして、ぼくらは今、正式に統合を果たし、ぼくら自身の教会を堂々と神に捧げることができる。小さな木造の建物は、五十人のハレルヤの大合唱で震えた——憐れな近隣住民には災難だった！　オルガンは、二つの鍵《キー》の調子が外れていたが、F君の指さばきで、大音響の賛美歌を轟かせた。

ぼくらは至高の神の御名に、このつましい住まいを捧げる。今のぼくらが差し出すことのできる精一杯のものを！　これをまぎれもない神の御座《シェキーナー》3とし、ダビデの知恵ある息子のきらびやかな神殿の中と同じように、神の存在を現実のものとせよ。その外見がどうであれ、絶望し、深く悔いている心を、神は好む。神が最も好む教会には、パイプオルガンも、ステンドグラスも、洗礼盤も必要ないのだ。

3　ユダヤ教の信仰によれば、世俗世界の中のどこにでも、神が聖別した場所や人にはシェキーナーがあるとされる。地上での神の臨在の象徴・顕現。

快晴の一月の日差しが、とても目の粗いカーテンがかかった二つの窓を通して、質素な無垢材のベンチに降り注ぐ中、感謝して頭《こうべ》を垂れる謙虚な会衆に向かって、われらが善良なるOが祝禱を唱えた。冬のすがすがしい乾いた空気の中で、こんな神の声が聞こえてきそうだった。「確かに言っておくが、この貧しいやもめは、だれよりもたくさん入れた」(「ルカによる福音書」二十一章三節)。

二月十六日、木曜日 O、W、ジョンと会合し、S教会の規則を作成する。月曜日、火曜日、木曜日、金曜日を会合の日と定める。

礼拝所を神に捧げた今、何らかの成文化された教会規則がどうしても必要になった。実行委員会の四人の委員が、その規則を作成する権限をあたえられた。キリスト教会の中でも他に類を見ないこの教会にはどのような規則が必要かを考えなければならない――キリスト教に不可欠なものをすべて維持しつつ、それらをぼくらの新しい環境に取り入れるのだ。

議論は七日間続き、その結果、教会組織の大まかな枠組みができあがった。この会合は祈りに始まり、祈りに終わった。ぼくらは小さな囲炉裏を囲み、鉄瓶が湯気を吹き出す音が響きわたる中、ひじょうに熱心に議論を進め、次々に項目を決めていった。ヨナタンの威勢のいい考えは、Oの冷静な判断によって抑制され、ジョンの都合のいい思いつきは、Wの律法尊重の考え方によって、時宜にかなったものに修正された。規則全文が効力を生ずるためには、次に教会会議の承認が必要だった。

三月六日　教会の建物に引っ越す。

　ぼくは教会の二階の部屋を提供されたのだが、ただではなかった。集会場を掃除し、教会図書室を管理し、玄関番と雑用係の役目を一手に引き受け、さらに月二円の家賃を会計係に支払わなければならなかった。こんなに便利な教会役員はほかのどこでも見たことがない。この日から、ぼくの部屋は兄弟たちがたびたび集まる場所となった。

三月十三日　今年の十月までに教会の借金を完済することを互いに誓い合う。

　借金の返済をいつまでも先延ばしにしてはならない。各自が所定の期間内に自分の割り当てられた分を支払うことにしよう。十カ月間、洋食屋に行くのをがまんすれば、それで返済の半額をまかなえるだろう。さらに来年まで古い上着とズボンでがまんすれば、自分に割り当てられた分はすっかり返せるだろう。各自の手取りの月収は二十五円で、今度の十月までに、その一カ月分の収入に相当する額をまるまる支払わなければならないのだ。

九月二日　兄弟Ｔｓといっしょに Ａ製材所に出かける。晩に説教をする。

九月三日　朝、Ａ製材所を発つ。Ｈ氏宅に泊まり、説教をする。

Ａ製材所内に伝道所を開設したことは、ぼくらの教会の歴史において最も忘れがたい出来事の一つであり、それまで成し遂げてきたどの活動よりも、ぼくらの結束したキリスト教活動の方法をよく物語っている。製材所は教会からおよそ二十五キロほど離れた山間部にあり、政府が、広大な松の森から屋根板や材木を作るため、アメリカ製のタービン・ホイール[4]を導入したばかりだった。

教会のある地域から新しい製材所まで馬車道が建設されることになり、測量士たちが派遣されて、新しい道路のための調査が行われた。その調査では、たまたま、われらが「好人物」Uが主任測量士を務めていた。彼は自分の仕事に従事しながら、製材所の周囲にできた小さな集落に聖書やキリスト教を広めようと、できるかぎりの努力をしていた。

馬車道のルートが決まるとすぐに、われらが教会の会計係ヒューが最後の測量を任された。ヒューは山奥に滞在しているあいだに、一人のひじょうに貴重な魂をキリストのもとへ導くことに成功した。Oという人で、「ウナギ」というあだ名をつけられていた。

測量が終わると次は道路の建設である。それを任されたのがH氏で、彼もまたぼくらの教会の会員だった。H氏も同僚たちのあいだで、キリストのために力を尽くした。原生林に囲まれた死のような静けさの中で、彼の言葉にはそれなりの効果があった。道路がみごとに完成する前に、もう一つの貴い魂が主のために獲得された。

いっぽう、「好人物」Uが製材所にまいておいた種が芽を出し、着実に生長しつつあった。そこの人々は新しい道路の開通を心待ちにしていた。そして彼らから、福音

4　水車や蒸気機関などの動力を回転運動としてノコギリに伝える装置。

を伝えにきてほしいという連絡があった。そんなわけで、今回の使命を帯びて派遣されたぼくと兄弟Ｔｓが、キリスト教徒によって調査され、キリスト教徒によって測量され、キリスト教徒によって建設された道路を最初に歩いた者となったのである。まだ一片の木材も運ばれないうちに、平和の福音を運ぶ者の足がその道路を踏みしめた。つまるところ、それはキリスト教の道路であり、ぼくらはそれを道と呼んだ。「谷はすべて身を起こし、山と丘は身を低くせよ」。栄光に輝く王が来られる。[5]

九月二十三日、土曜日　国の祭日。空には雲一つない。午後一時、教会に全員が集まり、いっしょに博物館の庭園に行く。詩歌を作ったり、茶話会を開いたり、輪投げをしたりする。みんな一日楽しく過ごす。

　これは教会員のための「野外の集い」で、毎年二回、春と秋に行われた。まだ「異教徒」だった頃、野外園遊会といえば、妙に陽気な気分にさせる有害な飲み物と、「鬼ごっこ」がつきものだった。「鬼ごっこ」とはその名のとおり、「鬼」になった者が、「隠れ場所」から迷い出てきた者を捕まえ、そうして捕まった者が今度は鬼になる、という遊びである。しかし、新しい宗教によってぼくらの気質は改善された。戸外の空気や無邪気な遊びを楽しむのは以前と同じだが、「鬼ごっこ」や飲酒の代わりに、詩歌を作ったり、お茶を飲んだりするようになった。そのような変化によって得た楽しみは、改宗していない友人たちが依然としてうつつを抜かしている楽しみよりも、遥かに優れていると思われた。

すでに述べたように、ぼくらは冬になると、みんなで一つの鉄鍋を囲んで心の結びつきを強めた。「雪に閉じこめられている《スノーバウンド》」ときも、「博物館の庭園《ミュージアム・グラウンド》」でも、ぼくらはこうした親睦会が、結束した教会活動を成功に導くものと大いに期待していた。

この日から年末までは、とくに記すほどの出来事はなかった。ぼくは宗教活動と世俗の活動の両方で忙しかった。この頃には教会の状態はかなり落ち着いていた。この年の初めに約束していたとおり、メソジスト監督教会宣教団に返済する金が、少しずつ入ってきていた。みんながみんな喜んで自分の分を支払ったわけではないが、それでもきちんと支払った。年末近く、ジョンとぼくは首都にいた。宣教団に返済する金

5　旧約聖書「イザヤ書」四十章四節および「詩編」二十四章七節。

を預かっていたのだ。

十二月二十八日　銀行から金を引き出し、メソジスト監督教会のS牧師に支払う。S教会は独立した。

喜びは筆舌に尽くしがたい！

二年間の倹約と勤労の結果、ついにぼくらは教会の借金から解放されたのだ。喜びと感謝で跳びあがるのは当然だった。ここにぼくらの「大憲章《マグナ・カルタ》」がある。

金百八十一円三十一銭也

首都にて　一八八二年十二月二十八日

一八八一年に教会建設を支援するためSのキリスト教徒に融資した貸付金（六百九十八円四十銭）の残金百八十一円三十一銭をヨナタン・X氏より領収いたしました。

J・S

これで誰にも借りがなくなり、ぼくらはうれしかった。とはいえ、そうしてメソジスト教会から支援の手が差し伸べられ、二年間、現金を利子なしで使わせてもらえたのは、ありがたかった。

　ぼくらの教会独立が、かつて属していた宗派への公然たる反逆を意図したものだと考える人がいるとすれば、それはまったく間違っている。独立は、ぼくらが目指していた一つの大きな目的を達成するためのささやかな企てだった。すなわち、（神からあたえられた）ぼくらの力と能力をじゅうぶんに自覚すること、そして、魂が救われるために絶対の真理を求める他の人々の障害を取り除くことである。

　自分には本当はどれだけのことができるのか、それを知っているのは、己を頼みとする方法を知っている者だけだ。他者に依存する者は、この宇宙で最も無力な存在である。

　多くの教会が資金不足を訴えているのに、その会員には無用な贅沢品に大金をつぎこむ余裕があるのだ。多くの教会は、会員が自分の「道楽」のいくつかをやめることさえできれば、自立できるのである。独立は自己の能力を意識的に理解することである。そしてそれは、人間活動の領域における他の多くの能力を理解する端緒になるはずだ。

これは、どんな性質の独立に対しても適用できる最も寛大で最も哲学的な見方である。独立に対して、反逆だとか、一部の野心家が思慮のない会衆を煽動したと言って汚名を着せるのは、ことにキリスト教徒の紳士らしからぬ不寛容さだ。キリスト教徒は「恨みを抱かない」のがその特質のはずなのに。[6]

十二月二十九日　午後一時、首都に滞在中のS教会の会員がフランシス宅に集まる。みんなで朝草公園[7]の「レストラン梅」に行き夕食。教会の独立を祝う。

ぼくらの最初の「七月四日」〔独立記念日〕である。フランシスと「ワニ」W、「翼竜」Tがいっしょだったと思う。Tはいつもの野蛮な方法で、最初に出された椀の中身を丸呑みした。後になって給仕係の女性に、汁に何が入っていたかを尋ねた。小さなシジミがいくつか入っていたと聞くと、Tはこう打ち明けた。教会の独立があまりにもうれしくて、椀の中身をすべて、咽頭《いんとう》手前の口腔内にて行われるべき咀嚼《そしゃく》過程を経ずに、そのまま食道を通過させてしまった、と。本当はただ腹ぺこだっただけだろう。

教会の独立と同時に、ぼくは教会に別れを告げた。新しい教会には新しい教会の歴史が、これまでのものとは別に必要だ。諸国伝道[8]という大きな問題とこの教会との関係をあらゆる面から書き残しておくためである。

これを書いている今から四年前、懐かしのわが教会を訪れてみると、ぼくが十三年前に別れを告げたときよりも、ずっと豊かになっていたので、とてもありがたく、満足な気持ちだった。「伝道僧」Oはあいかわらず信心深い牧師であり、教会に全身全霊を捧げていたが、それに対して一銭の金も受けとらず、ぼくが卒業した学校で教鞭をとって生計を立てていた。教会員はおよそ二百五十人だった。彼らは二人の専門伝道師を雇い、資金豊富なＹＭＣＡを持ち、強力な禁酒同盟を設立して、それを維持

6　新約聖書「コリントの信徒への手紙一」十三章五節。
7　原文は the Morning Grass Park。浅草公園のことか。
8　外国人宣教師による布教活動を指す。札幌独立教会のあり方に対しては在日宣教師からの批判が少なくなかったという。

していた。

一八八五年は、わが国のすべての宗派のキリスト教徒のあいだでひじょうに活発な動きが見られた年で、[9] この年の有力教会のいくつかにおける一人あたりの献金額は次のとおりだった。

独立土着教会（ぼくらの教会）　七円三十二銭
会衆派[10]教会　二円六十三銭
長老派およびオランダ改革派[11]　二円
メソジスト教会　一円七十四銭
英国聖公会　一円七十四銭
などなど。

この比較は、ぼくらの教会が優れていることをひじょうによくあらわしている。彼らは約千円をかけて新しい教会を建てた。ぼくがヴァージニアで見た質素な「黒人教会」に少し似ていたが、それでも、ぼくがかつて玄関番と雑用係を務めた「一つの建物の半分」だった頃の教会からすれば、格段の進歩だった。新しいオルガンもあり、鍵《キー》の音はすべて整っていた。そのうちに石造りの教会を建てるという話だった。それは、言葉の真の意味で、全国で本当に唯一の独立した教会だ。彼らは財政上のみならず、教会法上も、神学上も、自身の責任においてキリスト教活動を続け、きわめて喜ばしい成果をあげていた。彼らには独自の組織と原則がある。彼らがその独自性を聖なるものとして保持することを、主はお望みなのだと、ぼくらは考えている。彼らには果たすべき特別な使命がある。彼らの純真と幸福を誰にも邪魔させてはならない。

9　一八八三～八四年のリバイバル（信仰覚醒）運動の影響か。
10　キリスト教プロテスタント諸宗派の一つ。十六世紀後半、英国国教会から分離した人々によって形成された。それぞれの教会の独立・自治を主張。
11　十六世紀の宗教改革にまでさかのぼるオランダ最大のプロテスタント教会。

第五章　世の中へ――感傷的なキリスト教

それゆえ、わたしは彼女をいざなって、荒野に導き、その心に語りかけよう。そのところで、わたしはぶどう園《その》を与え、アコル（苦悩）の谷を希望の門として与える。そこで、彼女はわたしにこたえる。おとめであったとき、エジプトの地から上ってきた日のように。その日が来れぱと、主は言われる。あなたはわたしを、「わが夫」と呼び、もはや、「わが主人（バアル）」とは呼ばない。

――旧約聖書「ホセア書」二章十六、十七、十八節

ぼくの夫である主は、心安らぐわが家のような教会からぼくを追い出したとき、このように思ったにちがいない。主はぼくの心に真空を作ることによって、ぼくを追い

出した。

わが家にすべてがそろっているなら、誰も砂漠に出ていくようなことはしない。自然は真空を嫌う。そして人の心は、宇宙における他の何よりも真空を嫌う。

ぼくは心の中で、宗教的な活動によっても、科学実験の成功によっても埋めることのできない空白を嘆いた。いったいこの空虚は何なのか、ぼくにはわからなかった。健康がすぐれず、休息や楽な仕事を求めていたのかもしれない。あるいは、どんどん大人になるにしたがって、伴侶を求める抑えがたい自然の要求が高まり、それによって強い憔悴《しょうすい》と空虚を感じたのかもしれない。

とにかく、真空は存在し、どうにかしてそれを何かで埋めなければならない。この茫漠たる宇宙には、ぼくに幸福と満足を感じさせてくれる何かがあるはずだと思った。しかし、その何かがいったい何なのか、まったく見当もつかなかった。生理学者のメスによって大脳を奪われたハトのように、理由も行き先もわからぬまま、ぼくは旅立った。ただとどまることができなかったからだ。このときから、この真空を埋めるという一つの仕事に全精力が注がれた。

一八八三年四月十二日　憂鬱。気力なし。

四月二十二日　過去の罪を深く悔い改め、自分の努力ではとうてい自分を救えないと感じる。

守護天使がときどき降りてきては、ぼくの魂のよどんだ水たまりをかき回した。いつの日か魂が清められることを示す明らかな兆し。

五月八日　午前九時より新栄通りの長老教会[1]で第三回キリスト教徒大会[2]が開かれる。ぼくはS教会を代表して参加。午前中は祈禱と議事。午後は全国の信仰の現状についての報告。全国の信者数は五千人。午後六時閉会。

このとき、わが国にキリスト教が初めて伝えられてからおよそ二十年が過ぎていた。[3]信者数は全人口四千万のうちの五千人だった。――たしかに小さな集団だが、無知と迷信にとらわれた周囲の人々をすべて四半世紀以内に改宗させようという聖なる野心に燃えていた！　この楽観的な希望は、年配の兄弟で極度の楽天家であるT氏の計算に基づいていた。信者五千人のそれぞれがあまりにも怠け者で、一年に一人しか改宗させられなかったとしても、短期間のうちに全国の信者数は現在の何倍にもふくれあがるはずだ、というわけである。

じっさい、それまでの三、四年で、新たな改宗者の増加率は二五から三三パーセントに達しており、最も冷静な見方をする人でも、これからの四半世紀の平均増加率は二五パーセントになるものと確信していた。

だが、この記念すべき大会から十年後の今、これを書いているぼくは、読者諸君に悲しい事実を伝えなければならない。歴史は、ぼくらが期待し、予想したのとはまったく異なる展開を見せたのである。現在、全国のキリスト教徒の数は三万五千人で、年平均増加率は急速に低下している。そう、一日に一人の国民も改宗させられないのだ！　それならそれでいいだろう！　ぼくらの目的は、量的なだけでなく、質的なものでもある。ある男は、赤ん坊の成長を初めて目にしてこう思った。一週間に一ポン

1　東京築地にあった新栄橋教会のこと。
2　第三回全国基督教信徒大親睦会のこと。
3　この場合のキリスト教とはプロテスタントのこと。

ド［約四百五十グラム］も目方が増えるなら、その子が三十歳になる頃には象と同じくらい大きくなっているだろうと。むろんそんなわけはない。ぼくらの怠惰のせいか、神自身の導きによるものか、信者の数はつねに比較的少なく抑えられてきたのである。

　将来どうなるかはともかく、その日のぼくらの夢は栄光に輝いていた。全員一致で同意したのは、千八百年以上のあいだ人間が経験していなかった正真正銘の聖霊降臨[4]が起こったということだ。そして、それがまさしく事実であることを示すあらゆる証拠があった。

　まず、罪ゆえの苦悶の声が多くあがった。誰もが泣いた。そのようなときに泣くことができないのは、よほど無感動な人間と思われた。奇跡的な改宗の事例がいくつか報告された。ある布教学校の子供たちの一団はひじょうに強い聖霊の力を授かっていた。通りで貧しい旅の仏教僧を捕まえ、祈りと説得の末に、僧衣を脱がせ、とうとうイエスを自分の救い主として認めさせたという。ある若者は仲間のあいだでは吃音で有名だったが、やがてそのくびきを解かれ、使徒ペテロのような燃える情熱と自由にあふれる説教をしたという。

　さらに、ぼくらの中には一人の朝鮮人がいた。あの「隠者の王国」の名門の出だった！　一週間前に洗礼を受けた彼は、自国の服装を身にまとい、威厳に満ちた姿で、ぼくらの中にいた。彼も自国の言葉で祈りを唱えた。ぼくらには最後のアーメンしか理解できなかったが、説得力があった。なぜなら、彼の堂々とした態度と不可解さによって、その光景はよりいっそう聖霊降臨を彷彿とさせたからである。あとは炎のような舌［新約聖書「使徒言行録」二章三節］さえ出現すれば、聖霊降臨を完全に再現できたが、ぼくらはそれを想像力で補った。

ぼくらはみんな、奇跡的な、とてつもない何かが起こりつつあると感じていた。頭上にはまだ太陽が輝いているのか、ぼくらはそれさえ疑っていた。

五月九日　朝草長老教会にて代表者会合。議題は「自由埋葬」。

集会は続く。わが国に存在するある法律をなんとかしなければならない。遺体を埋葬する前に異教徒の僧侶の署名を義務づける法律である。法律上、キリスト教式の埋

4　イエスの復活・昇天の後に、集まっていた信徒たちの上に聖霊が降ったとする出来事。ペンテコステとも。新約聖書「使徒言行録」二章一〜四十二節参照。

葬は認められていなかった。だから、キリスト教式の埋葬を行うためには、埋葬を監督する僧侶に黙認してもらうしかなく、多くの場合、賄賂を贈って見逃してもらうことになる。

ぼく個人は次のように主張していた。死者は死者の隣に葬られるときにも、かつて宿っていた魂が傷つくことはないだろう。われらの神は生者のための神なのだから、魂のない身体を処分するのに特別な方法など求めないはずだ、と。

しかし、この問題について、ぼくのようには考えない兄弟たちが圧倒的に多かった。多数決により、前述の法律を改正するよう政府に特別に陳情することが決まった。これは、大きな運動の始まりと考えられた。国民に宗教的自由をもたらすため、いつかは始めなければならない運動である。しかし、さまざまな出来事から、個別の法律をあてにするのはどんな場合も無益だということがわかった。数年後、権利を求める声が獲得できなかったものを、時間と、思想の進歩によって手にすることができる時代になった。今や国民は、信教の自由を明文化した憲法を持ったのだ。

五月十二日　大会終了。すばらしい効果があった。教会が復活し、良心が試され、愛

と団結が大いに強まった。大会全体がまさに聖霊降臨のようだった。

全般的に見て、集会はみんなにとって有益だった。熱狂は高まるいっぽうで、第二次会合がさらに一週間続いた。

ぼくにとって、集会の光景は生まれて初めて目にするものだった。いわゆる「信仰覚醒運動《リバイバル》」[5]が首都の教会で始まっていた。精神生理学を少しばかり学んだぼくには、その運動がやや狂気じみて見えた。

カーペンター[6]はその著書『精神生理学』の中でこんな例を紹介している。ある修道院で、一人の修道女がネコの鳴きまねをする癖がつくと、修道院の全員がネコの鳴きまねをするようになった。

少なくとも、信仰覚醒の現象の多くは、交感神経の異常反応として説明できる。し

5　広義には大衆の信仰心が再び活性化する現象のこと。狭義には、プロテスタントにおいて、大規模な集会を開いて説教を行い、聴衆を深い回心に導き、また新たな信徒を獲得しようとする福音主義運動のこと。

6　ウィリアム・ベンジャミン・カーペンター（一八一三〜八五）。イギリスの生理学者。主著に『精神生理学原理』*Principles of Mental Physiology*（一八七四）がある。

かし、その運動は、最高位の聖職者や牧師たちによってあおり立てられ、支持されていたので、ぼくは自分の懐疑的な見方を抑え、そのときの周りの雰囲気に身を委ねることにした。うまく説明することはできないけれども、明らかに現実の何か神秘的な影響によって魂が歓喜に包まれたという多くの人々を、ぼくは見たり聞いたりした――これまでに見たことも聞いたこともない、すばらしい歓喜だという。

　そのとき、自分も同じような歓喜を経験してみたいという欲求が生まれ、精神生理学など、どうでもよくなった。この名状しがたい聖霊の賜《たまもの》を獲得する方法を、メソジストの熱血説教師から教わったぼくは、それに一生懸命に打ちこんだ。心の目の焦点を自分の「病んだ心」〔旧約聖書「エレミヤ書」十七章九節参照〕に合わせるいっぽう、ハクスリー、カーペンター、ゲーゲンバウアー[7]には、まるで地獄から生まれた幻想であるかのように、目をつぶった。

　だが、悲しいかな！「あなたの罪は赦された」というありがたい声は、肉体的、精神的、霊的鼓膜のいずれにもとらえられなかった。三日続けて苦悶の声をあげ、胸を叩いたが、ぼくは以前と変わらぬ堕落した息子のままだった。自分が希望と喜びに満ちた天の恵みの特別な対象となったことを信者仲間に示すという、誰もがうらやむ特権は、ぼくにはあたえられなかったのだ。

　ぼくはじっさいひどく落胆した。「信仰覚醒」を元来、脳内電気現象である催眠術のようなものとして解釈したらいいのか、それとも、信仰覚醒を感じられない本当の原因は、ぼくの深刻な堕落にあるのか？　そうだ、世界は一日や一週間で創造されたのではない。メソジストの友人が教えてくれた方法ではなく、いつかもっと「自然な」方法で生まれ変われるかもしれない。

　毎日、毎週、信者の中に友人や知人が増えていくにつれ、ぼくの信仰はどんどん感傷主義[8]に傾いていった。ぼくらは宗教的な対話を大いに楽しんだが、度が過ぎることも多く、異教の闇の支配を打ち破るという重大な責任のことよりも、キリスト教徒の茶話会や晩餐会のことばかり考えていた。

7　カール・ゲーゲンバウアー（一八二六〜一九〇三）。ドイツの比較解剖学者。ダーウィンの進化論を強力に支持した。ゲーゲンバウルとも。
8　センチメンタリズム。感情を理性や意志よりも重んじる傾向。

田舎の教会から出てきたばかりで、子供のように無邪気で信じやすかったぼくは、トルコ式蒸し風呂[9]のように快適な首都のキリスト教社会に飛びこみ、乙女たちの歌う賛美歌や、誰の気分も損ねない説教によって、気持ちをゆるめられ、もみほぐされた。

神の王国は、完全な休息があり、人々がいつも自由に好意を抱き合う国、自由交際、自由恋愛の宗教を理由に茶話会や恋愛にうつつを抜かすことができる国だと思われていた。宣教師たちは教会の経費の滞納分をすべて気前よく支払ってくれるし、仏教その他、ぼくらの周りの不愉快な迷信と最後まで戦うだろう。しかし、親愛なる兄弟たちよ、ぼくらはもはや木や石に宿る神を崇めることはない。愛しい姉妹たちよ、あなたがたには新たな信仰によって婦人の権利があたえられた。

——さあ、茶話会や教会の親睦会に出かけよう。そしてそこで「結ぶ絆は幸いである」を歌い、祈り、涙を流し、夢を見、歓喜しよう。七歳以上の男女が同じ一つの部屋に座ることを禁じる儒教の迷信や、女性に慎み深さや従順さを求めて高貴な性を貶める仏教のたわごとは、お払い箱にするのだ。愛は相互の問題だ。普遍的に行き渡っているこの聖なる力が促した若い心の交わりには、たとえ天であっても干渉することはできない！

ああ、キリスト教の自由よ、浸水したライデンの城塞[10]で大飢饉とスペイン軍の斧槍《おのやり》[11]の攻撃に耐え、スミスフィールドの刑場[12]で薪の束に嫌悪を示し、バンカーヒル[13]の頂上で血を流した者よ。破戒から生まれたセイレン[14]や、ユピテル[15]の多情な子に、主よ、あなたは何度、名前を貸したことか！　ああ、けっしてシナイに導かれることも、そこで律法の尊厳を学ぶこともない人々から、あなたの名前が用心深く隠しておかれますよ

9　あかすり、マッサージ、剃毛などのサービスが受けられるという。
10　ライデンはオランダ西部の城塞都市。オランダ語では「レイデン」と読む。オランダ独立戦争（一五六八～一六四八）におけるライデンの戦いでは対スペイン反抗の拠点となり、半年にわたって包囲されるも、ついにスペイン軍を撃退した（一五七三～七四）。
11　十四～十六世紀の西洋の武器。槍と斧を一体化して長い棒状の柄をつけたもの。「槍斧」「鉾槍」とも。halberd。
12　ロンドンの中心部にある一地区で、十六世紀の宗教改革の時代には異端者の焚刑が行われた。
13　アメリカ独立戦争（一七七五～八三）初期の激戦地。
14　ギリシャ神話に登場する半人半鳥の海の魔女たち。その美声で船乗りの心をとらえ、破滅へと導く。サイレンとも。

うに。そして彼らを律法より上に置くことがありませんように。

あなたの福音は、束縛からいたずらに逃れようとする人々のためのものではなく、選ばれた神の子たち、律法に従おうと熱心に努力する人々、あなたの助けによって律法を自らの意志とする人々のためのものだったと、ぼくらは信じている。

福音の伝道者たちが改宗者の数を加速度的に増やそうとしている（まったく許しがたい人間的弱さとは言えない）ときに、自由とは厳しいものだというこの考え方を、異教徒たちの前にこれ見よがしに示すわけにはいかない。したがって、新たな改宗者のあいだには多かれ少なかれ道徳的にだらしないところが見られ、魂の自由を快楽主義と履き違える者もいた。

一八八四年三月十四日　『ジョン・ハワード伝』[16]を読んで涙する。ぼくに大きな喜びと慰めをあたえてくれた。
信仰覚醒運動に参加してはみたものの、けっきょく古いアダムの皮を脱ぎ捨てて生まれ変わることができなかったぼくは、自分の手で慰めを見つけなければならなかった。そうするしかなかったのだ。

感傷的キリスト教は、他の五感の快楽と同じように、すぐにつまらなくなってしまう。飢えた魂を落ち着かせておくためには、もっと現実の、確かなものが必要だ。「愛の実践こそキリスト教の本質ではないか」とぼくは自問しはじめた。たしかに、仏陀は、愛の実践を人が涅槃の至福に入る四つの条件の第一として説いた。忠実な使徒は次のような重い訓戒を述べている。「わたしの兄弟たち、自分は信仰を持っていると言う者がいても、行いが伴わなければ、何の役に立つでしょうか。そのような信仰が、彼を救うことができるでしょうか」〔新約聖書「ヤコブの手紙」二章十四節〕。

祈禱会の感傷主義も、野外集会の脳内電気現象も、たった一人の物乞いの腹も満たせないのなら、そんなものが何になるのか！　かつてぼくらは家の氏神に月参りをす

15　ギリシャ神話のゼウスと同一視された古代ローマの最高神。ジュピターとも。多情な子とは、ここではユピテルの娘ヴィーナスのことか。

16　イギリスの社会改良家。一七二六〜九〇。監獄改良運動のため自らイギリス全土の刑事施設の実態を調査し、さらにヨーロッパ諸国の監獄をも視察して『監獄事情』*State of Prisons in England and Wales*（一七七七）を発表、当時の監獄の腐敗、囚人の惨状を訴えた。これが大きな反響を呼び、政府も積極的に問題に取り組むことになる。

ると、道端の物乞いに、しっかり腹にたまるものをあたえたものだが、キリスト教に改宗した今は、空虚な言葉以外何もあたえていない。それではいけない、わが心よ！　キリスト教徒は、海老で鯛を釣るように、教義の空論を他人にばらまくことで自分の天国に入れるなんて。

そこでぼくは英語で書かれた小冊『ジョン・ハワード伝』を買い、一心不乱に一読、再読した。「こういう人に、ぼくはなる」そう思った。そして、世界中の刑務所を訪問し、ついには熱病にあえぐ兵士を看護しているときに斃《たお》れる自分の姿を早くも想像していた。

チャールズ・ローリング・ブレース[17]の『キリストの事績』も買った。そこに記されているあらゆることが、キリストを愛する者すべてにふさわしい使命をぼくに確信させた。それ以来、キリスト教の慈善活動についてのぼくの考えは大きく変わった。ぼくの考えと行いを一変させせた、このニューヨークの慈善家の多大な影響には、何より感謝している。

六月六日　午前七時三十分に宿を出る。「夷《えびす》」[18]港で舟を雇う。水夫四人が漕いで鷲崎[19]

に向かい、周辺の海底を調査する。鷲崎の「十一屋」という宿に泊まる。

ふたたび政府に雇われ、以前とは別の学術調査に派遣された。この舟旅は、S[20]という小島に滞在中のことで、ぼくの禁酒主義が大いに試された機会として、とくによく憶えている。ぼくはキリスト教の信仰告白の一部として、あくまで絶対禁酒主義を貫いていたので、どんなにもっともらしい理由で差し出されても、あの舌にぴりっとくる液体には触れないように細心の注意を払っていた。

前章で示唆したように、酒を飲むことは、わが国の礼儀作法の大きな部分を占めている。親切に差し出された盃を拒絶するのは、それを差し出した人の友情と好意を拒絶するのと同じだ。政府の役人として旅をしているとき、宴会の主催者から近づきの印に酒を勧められるたびに、相手の気分を損ねるのではないかと心配になる。そういうときほどキリスト教が肉に刺さる痛い刺《とげ》のように感じられることはなかった。しか

17　アメリカの社会福祉事業家・著述家。一八二六〜九〇。ニューヨークの児童福祉などに尽力。
18　新潟県の両津港のこと。
19　佐渡島の最北端。
20　佐渡島。

し聖なる誓約を破るわけにはいかなかったので、ぼくはあくまで禁酒を貫いた。

しかし、鷲崎では新たな試練が待っていた。鷲崎は文明の外れの地にある寂しい漁村で、「十一屋」は、旅人が一夜の宿を求めることのできる唯一の家だったのだ。しかも宿の主人は筋金入りの呑兵衛だった。酒樽から生まれたような大酒呑みとして島中に知れ渡っていた。「御神酒《おみき》」を賛美してやまず、周囲の人々に対しても恐ろしく気前がよかった。魔法の液体をともに酌み交わすことなく一夜を過ごすことを、宿泊者の誰にも許そうとせず、そうやって、神々をも喜ばせる液体にさらなる賛美を加えようとするのである。

ぼくは次のように聞かされていた。今までその尊大な手で差し出された盃を断った勇気ある者は誰一人としていない。もし鷲崎に行かねばならないのなら、少なくとも一生に一度だけ、絶対禁酒主義をいっとき忘れるしかない、と。

ぼくの答えはこうだった。「鷲崎には行くけれど、酒には触れない」互いに正反対の信条を持つ二人のまれに見る戦いがどうなるかをめぐって、ぼくを送り出した部署は大騒ぎになった。

ぼくが恐怖の「十一屋」の門口に立ったのは、その日の夕暮れ近い時間だった。ぼくを出迎えたのは六十年配の老人で、やつれた感じで、背は低く、長年アルコールの影響を受けてきたことを示す明らかなしるしがあった。すぐに、その老人こそ、島で話題の人物だとわかったので、ぼくは身構えた。田舎宿の主人らしい丁重さや歓迎の言葉などはいっさいなく、ぼくが自分の官職を告げてはじめて、しぶしぶながら一夜の宿を提供することに同意した。

例によって風呂に入り、茶を飲んだ後、宿のおかみさんが来て、夕食の前に酒を飲むかと尋ねた。

「酒は一滴も飲みません」きっぱりと答えた。すべてはぼくの最初の答えにかかっていると確信していたからだ。おかみさんは引っこんだ。ほどなく若い男が木のお膳を持ってあらわれた。お膳には飯と野菜と貝の煮物がきちんと並んでいた。

太陽と海に一日さらされたおかげで、ぼくの胃袋はあっというまに簡素な夕食を平らげてしまった。それから、真の決戦の時が来るのを待った。いつ老人が皺だらけの腕に徳利を抱えてあらわれるかと身構えた。しかし、そういうことにはならないようだった。まもなく寝床が敷かれ、何の邪魔も入ることなく快適で平和な一夜を過ごしたのだった。

ぼくは思った。友人たちはぼくを脅かそうとしただけなのだろう。老人の凶暴な性癖の話は、そのためにでっちあげられた作り話だろう、と。

翌朝の朝食後、ぼくはまた舟に乗った。櫂《かい》を握る男たちに、前夜、何事も起こらなかったことについて、ぜひとも聞いてみたかった。謎の全体像が今ついに明らかにされた。

「宿の主人は、たしかに例の老人です」と男の一人が言った。「でも、旦那、ゆうべはあんたのおかげで家中静まりかえっちまいましたよ。主人が使用人たちに、若いお客さんの邪魔になるといけないから自分も飲まない、なんて言うもんだから、家の者はみんなびっくりしてました。ありがたいことではあったんですがね。なにしろ、ゆうべは大酒飲みの主人に雇われて以来、愚痴や怒鳴り声といった騒ぎのない初めての夜になるわけですから」

「そうそう」ともう一人が言った。「おかみさんが、ゆうべは助かりましたと礼を言ってました。ゆうべはとてもよく眠れた、あんなにぐっすり眠れたのは生まれて初めてだって、わしらが出かける前にそう言ってましたよ」

「勝利だ！」ぼくは叫んだ。そうしてぼくが飲酒癖の恐ろしさと、勇気ある抵抗の力について男たちに説いていると、天もぼくらの勝利に加わったらしく、風が追い風に変わり、いっぱいに張った帆が膨らんで、ぼくらは堂々と港へと入っていった。ぼくは心配そうに待っていた友人たちに勝利を報告した。ぼくの断固たる拒絶が勝利の栄冠を得たことを。——大酒飲みが徳利を捨て、罪のない家族に安らかな休息があたえられたことを。

しかし、ぼくの魂の真空は、そんな経験の一つや二つではとうてい埋められるはずもなく、ますますひどくなった。それ自体が空疎な感傷的キリスト教によってさらに真空は広がり、際立つばかりだったからだ。自分の国では望ましい満足を見いだせないので、ぼくはラセラス[21]のように、わが国とは成り立ちの異なる国に探求の範囲を広げようと考えた。過去数百年ものあいだキリスト教が揺るぎない勢力と影響力を保持

21　サミュエル・ジョンソンの『幸福の探求』の主人公。アビシニアの王子。外界から隔絶された楽園「幸福の谷」に暮らしていたが、広い世間に出て、多くの人々に会い、真の幸福を探し求めた後、ついに失望して故郷に帰る。

してきたキリスト教国まで行けば、多少なりとも安らぎと喜びを見いだせるにちがいないと、ぼくは想像した。異教徒出身のぼくらには思いもよらないような、誠実に真理を探究する者なら誰でも容易に手に入れることができる安らぎと喜びがそこにはあるはずだ、と。

愛する人々と別れるつらさ、ぼくのような経済状態の者にとっては耐え難いほど重くのしかかる費用、そして何より、異国を無一文で放浪するという人間として最も惨めな経験。これらすべてを喜んで耐えなければならない。望みのものを手に入れ、それによって自分の存在を耐えられるものにするためである。

しかし、自分の満足を追求することだけが、ぼくにこの大胆な一歩を踏み出させた動機ではない。ぼくが生まれた国は、すべての若者に対して、国家の名誉と栄光への惜しみない貢献を求めている。そして祖国に忠実な息子になるためには、海外での経験と知識と観察が必要だった。まず一人前の男になること、そして愛国者になること、それが外国へ行く目的だった。

貧しい家族は犠牲をいとわず、ぼくも過去三年間、倹約に励んでいたので、どうにか世界一広い海を渡るための費用を捻出できた。あとはすべて主の御手に委ねることにした。主はぼくを異国で飢え死にさせたりはしないはずだ。すでに敬虔なキリスト教徒になっていた善良なる父は、励ましと、成功を祈る言葉でぼくを送り出した。最愛の息子に、持てるものすべてとともに、勇気と愛をくれた。そして、こんな自作の歌を詠んだ。

私に見えないところでも、エホバは見ておられる
私に聞こえないところでも、全能の神は聞いておられる
行け、息子よ。恐れることはない
そこではここと同じように、主がお前を助けてくださる[22]

別れの時の厳粛さが、教理では抑えきれない、ぼくらの中の自然な感情を呼び覚ました。父は、胸の張り裂けるような祈りを唱え、神の摂理がわが子を注意深く見守ってくれますようにと願った後、まだ家に置いてあった先祖を祀る仏壇までぼくを連れ

22　聞きしのみまだ見ぬ国に神しあれば／行けよ我が子よ何おそるべき（岩波文庫より）

ていくと、わが家の敷居をまたいで今度の危険な航海に出る前に、今は亡き祖父の魂に一言あいさつをしておけと言った。

「お前の祖父がここにいたら」と父は涙ながらに言った。「さぞかし仰天したことだろう。まったくの野蛮人だとみなしていた人々のところへ、まさか自分の孫が出かけていくことになろうとは！」

ぼくは頭《こうべ》を垂れ、天の父と、今はなき先祖の魂の両方に心を向けて、一種の瞑想に入り、祈ると同時に過去へと思いを馳せた。教条主義的な教師なら、ぼくらの行いを見て、あまりにも仏教的あるいはカトリック的だと眉をひそめたかもしれない。しかし、それはそのときぼくらが議論することではなかった。ぼくらは神を愛し、国を愛し、先祖を愛し、この厳粛な時にこれらすべてに思いをめぐらせたのである。

国への愛は、他のすべての愛と同様に、別れのときに最も強まり、最も高まるものである。国というその不思議なものは、ぼくらがそこで暮らしているときには、小川や谷や山や丘の集合にすぎないが、今やそれが命ある何者か――精神の宿る自然――に変わるのだ。そして母親がわが子に語りかけるように、ぼくらに気高い行いをせよと命じる。コルネリア[23]が、傑出した母の子としてふさわしい生き方、死に方をするようにと、若きグラックス兄弟[24]を世に送り出したのと同じである。

遥か西の空に雄大に映《は》える、残雪を白く頂いた最高峰。あれは母の清い眉であり、国民の心を鼓舞するものではないか？　峰の周りの松に覆われた丘陵地帯、裾野に広がる黄金色の田畑。あれはぼくを育てた乳房であり、ぼくを乗せた膝ではないか？　そして、麓《ふもと》に打ち寄せ、砕け、泡立つしぶきをあげる波。あれは母が堂々と闊歩するときの、ドレスの裾を縁取る真珠をちりばめた襞《ひだ》飾りではないか？　これほどまでに清く、気高く、美しい母に、息子たちが忠実でないことがあろうか？

ぼくは母の岸を離れ、ほどなく外国の国旗を翻し、外国人の船員が乗り組む船に乗りこんだ。船が動き始める。――さらば、母国よ――それからほんの数時間、波に揺

23　生没年未詳。紀元前二世紀頃の人。グラックス兄弟の母。スキピオ・アフリカヌス（大スキピオ）の娘。センプロニウス・グラックスと結婚。十二人の子をもうけ、夫の死後、所領の経営と子供の教育に専心。
24　弟ガイウス・センプロニウス・グラックス（紀元前一五三頃～一二一）と兄ティベリウス・センプロニウス・グラックス（紀元前一六二頃～一三三）はともに古代ローマの政治家・護民官。

られていくと、あの最高峰の頂上しか見えなくなる。

「みんな、甲板にあがれ」ぼくらは叫んだ。「愛する美しい祖国に、もう一度敬意を」彼女は波打つ水平線の向こうに消えてゆく。ぼくらは深く厳粛な心の中で、クエーカーの詩人[25]の言葉を借りて言う。

おお、国々の中の国よ、われらはあなたに捧げた
われらの心、われらの祈り、われらの奉仕を惜しみなく
あなたのために、あなたの息子らは気高く生きるだろう
いざというときには、あなたのために死ぬだろう

25　ジョン・グリーンリーフ・ホイッティア。アメリカの詩人。奴隷制廃止論者。一八〇七〜九二。クエーカー教徒の農家に生れ、幼い頃からバーンズの詩集などに親しみ、詩作を始めた。雑誌編集にたずさわりながら書いた詩や散文を集め、『ニューイングランドの伝説』*Legends of New England*（一八三一）を発表。南北戦争前後から熱心な奴隷制度の反対者として活動した。クエーカーはキリスト教プロテスタント諸宗派の一つ。正式にはフレンド派という。人は教会によらず神から直接啓示を受けることができると説き、個人の霊的体験を重視する。

第六章　キリスト教国の第一印象

ぼくはキリスト教国と英語国民に対して特別な敬意を抱いていたが、そのことをまったく弁解の余地のない弱みだとは思わなかった。それを弱みだというなら、プロイセンのフリードリヒ大王[1]が、フランスのあらゆる文物をやみくもに崇拝していたのと同じ弱みである。

ぼくは英語という言語を介して、気高く、有益で、精神を高揚させるあらゆるものを学んだ。ぼくは英語で聖書を読んだ。バーンズの註解書は英語で書かれていた。ジョン・ハワードはイギリス人であり、ワシントン[2]とダニエル・ウェブスター[3]はイギリス人の家系だ。

「三文小説《ダイムノヴェル》」は一度も手にしたことがなかったので、俗語に関しては、英語を話す人々の中で暮らすようになって、かなり時が経つまで、そんな言葉があることさえ知らなかった。

ぼくが思い描いていたキリスト教国アメリカは、気高さ、敬虔さ、清教徒らしい厳格さを兼ね備えた国だった。教会の建つ丘、聖歌や神を称える声がこだまする岩山を夢に見ていた。アメリカの一般庶民は、ほとんど誰もが聖書に用いられているような表現で話し、街中では天使、ハレルヤ、アーメンといった言葉が飛び交っているものと思っていた。

しかし出発前に次のような話を、いちいち証拠を挙げて、よく聞かされたものである。アメリカでは金《かね》がすべてであり、金は全能のドルとして崇拝されている、とか、人種偏見が強いので、黄色い肌や切れ長の目は人に馬鹿にされたり、犬に吠えられた

1 プロイセン王フリードリヒ二世。一七一二〜八六。典型的な啓蒙絶対君主。一七四〇年即位。行政改革、軍の増強、教育・産業の促進に努め、ヴォルテールらのフランス啓蒙思想に傾倒。

2 ジョージ・ワシントン（一七三二〜九九）アメリカ建国期の軍人、政治家、初代大統領。

3 アメリカの政治家。一七八二〜一八五二。

りするものと決まっている、とか、その他いろいろ。しかし、このような話が真実に近いものだとは、ぼくにはとても信じられなかった。アメリカはパトリック・ヘンリー[4]、エイブラハム・リンカーン[5]、ドロシア・ディックス[6]、スティーヴン・ジラード[7]の国である。——それが金銭《マモン》崇拝と人種差別の国であるはずがない！

自分はアメリカについて人とは違う見方をしているのだと思った——キリスト教文明が異教文明よりも優れている点について読んだり聞いたりしたことを、ぼくはそれほど強く信じていた。ぼくはアメリカに聖地のイメージを抱いていたのだ。

一八八四年十一月二十四日の夜明け、ぼくのうっとりした目は、キリスト教国のかすかな姿を初めてとらえた。それからまた自分の三等船室に降り、ひざまずいた——その瞬間はぼくにとってあまりにも厳粛で、興奮して騒ぐ他の乗客たちに加わることはできなかった。低い海岸山脈がはっきりと見えてくるにつれ、夢が実現しようとしているという感情と感謝の気持ちに圧倒され、涙が頬を勢いよく流れ落ちた。

まもなくゴールデン・ゲート海峡を通りすぎると、たくさんの船の煙突やマストの先が目の前にあらわれ、まるで無数の教会の尖塔が天を指しているように見えた。ぼくら——二十人の若者の一団——は上陸し、貸し馬車でホテルまで連れていかれた。

ホテルの主はアイルランド人で、わが国の人々にとくに親切にしてくれることで知られていた。

それまでは、白色人種の知り合いといえば、ほとんどが宣教師だったので、ぼくは固定観念にとらわれていた。通りで出会う人々はみんな、キリスト教徒としての高い目的を持った聖職者ばかりのように見えた。自分が長子たちの集会[8]〔新約聖書「ヘブライ人への手紙」十二章二十三節〕の中を歩いているのだと思わずにはいられなかった。こんな子供じみた考えを、ぼくは本当に少しずつ、かなりの時間をかけて捨て去って

4　アメリカの政治家、雄弁家、革命家。一七三六〜九九。独立革命時の「われに自由を与えよ。しからずんば死を」という演説が有名。

5　アメリカの政治家。第十六代大統領。一八〇九〜六五。一八六三年、南北戦争下、奴隷解放を宣言。六四年に再選されるも翌年、南部人に暗殺された。

6　アメリカの女性社会改良運動家。一八〇二〜八七。精神障害者の医療と更生に尽力。

7　フランス生まれのアメリカの銀行家、社会福祉事業家。一七五〇〜一八三一。

8　長子とはイエスのことを指すが、ここではイエスとともにある人々つまり敬虔なキリスト教徒のこと。

いったのだ。

たしかに、聖書的な言葉遣いは、少なくともある意味で、アメリカで一般的な言語形式であることがわかった。なにしろ、誰もが聖書を起源とする名前を持ち、馬でさえ洗礼名を授けられるのだ。

ぼくらが発音するときには極度の畏怖と畏敬の念を抱かずにはいられない言葉を、労働者、御者、靴磨き、そしてもっと立派な職業の人々が口にする。ほんのちょっとした腹立ちにも、何らかの形で神聖な名が唱えられる。

ホテルの談話室で、人品卑しからぬ紳士に次期大統領（民主党のクリーヴランド）[9]をどう思うかと尋ねたところ、紳士の力強い答えは猛烈に聖書的だった。

「――様に誓ってもいい（By G...）」と彼は言った。「あいつは悪魔（devil）だよ」

後でわかったことだが、その紳士は筋金入りの共和党員だった。

ぼくらは移民列車に乗って東部に向けて出発した。途中で列車が急停止したため、みんな座席から放り出されそうになった。そのとき同乗の客の一人がいらだちをあらわすのに、また別の聖書的表現で「ジ――・ク――（J... Ch...）」と救い主の名を言いながら床を踏みならした。その他いろいろ。

もちろん、これらの表現はぼくらには聞き慣れないものばかりだった。ほどなく、ぼくはそのような聖書的表現の底に、深い冒瀆があることに気づいた。十戒の第三の戒め［「あなたの神、主の名をみだりに唱えてはならない」］に公然と違反するものだと思った。それまでぼくは、この戒めに従うべき特定の場面やその重要さをまったく理解できていなかったのだが、このとき初めて、生きた実例によって教えられたわけである。

アメリカ人の日常会話では、ほとんど誰もが宗教的な言葉をそのように使うため、こんな話があるくらいだ。

あるフランス人移民は英仏辞書をポケットに入れて持ち歩き、ルアーブルを発ったときからずっと、英語を耳にするたびに辞書を引いた。フィラデルフィアの埠頭《ふとう》に上陸したとき、人々が話す言葉の中で、いちばんよく耳にするのが「damn-devil」[10]とい

9　スティーヴン・グローヴァー・クリーヴランド（一八三七〜一九〇八）。アメリカの政治家。民主党所属。第二十二、二十四代大統領。

う表現だった。すぐに辞書を引いてみたが、目当ての単語が見つからないので、その辞書を捨ててしまったという。いちばんよく耳にする単語が載っていない辞書なんて、アメリカではもう役に立たないだろうと思ったからだ。

アメリカでは金《かね》が全能の力だという噂は、ぼくの多くの実体験によって裏づけられた。サンフランシスコに到着してすぐに、ぼくらの「キリスト教文明」に対する信仰は、仲間の一人に降りかかった災難によって厳しく試されることになった。彼は五ドル金貨一枚が入った財布をすら、れ、て、しまったのである！

「異教国と同じようにキリスト教国にもスリはいる」ぼくらは互いに注意し合った。落胆と混乱の中、財布を奪われた兄弟をみんなで慰めていると、年配の婦人が（この人は、後でぼくらに語ったところでは、人類は善人も悪人も、等しく、あまねく救済されると信じていた）、ぼくらの不幸をひどく心配し、ほかにもいろいろ危険なことがあると注意してくれた。スリ、強盗、追いはぎ、その他、罪深い人類のさまざまな犯罪が自分の国にもないわけではない、と。しかし、ぼくらはただ、貴重な五ドル金貨を奪った悪人がけっして天国には行かず、地獄の永遠の業火によって罰せられることを願うしかなかった。

しかし、最も高度な拝金主義の精神を見せつけられたのは、シカゴまで来たときのことである。四日間、移民列車に揺られた後、駅のレストランで、コールドチキンを食べて元気を回復しつつ、ぼくらの魂の回復者〔主イエス・キリスト〕のことをありがたく思い浮かべていると、数人のウェイターに囲まれた。黒い肌とちぢれた髪は、明らかにノアの子ハムの末裔[11]であることを示していた。テーブルの上の賜物をいただく前に頭を垂れると、ウェイターの一人がぼくらの肩を叩いて言った。

「みんな立派だねえ！」

ぼくらが自分たちの信仰について話すと（ぼくらは「マタイによる福音書」十章三十二節を文字どおりの意味で信じていた[12]）、彼らも全員メソジスト信者だと答え、神の王国が世界に広がっていることに、大いに興味を示した。その後すぐにもう一人の

10 「地獄に堕ちた悪魔」「こんちくしょう」「忌々しい」などの意。
11 アフリカ北部・東部の先住民族ハム族のこと。ノアの次男ハムの名にちなむ。
12 「だから、だれでも人々の前で自分をわたしの仲間であると言い表す者は、わたしも天の父の前で、その人をわたしの仲間であると言い表す」

ハムの末裔があらわれ、彼らの教会の執事［信者から選ばれた教会の役員］だと紹介された。彼はぼくらに対してとても親切で、わが国でのキリスト教信仰の進展について話すと、興味深そうに聞き入っていた。ぼくらは共通の主のために、互いに幸運を祈り、励まし合った。

彼は二時間にわたっていろいろ世話を焼いてくれたが、やがて出発する時間になった。彼はぼくらの旅行鞄を肩に担ぎ、切符を改める場所まで運んでくれた——まさに至れり尽くせりである。ぼくらが礼儀正しく、厚い感謝を述べながら、手を伸ばして荷物を受けとろうとすると、メソジストの執事は荷物を渡そうとせず、こちらに黒い手を差し出して言った。

「いくらかくださいよ」。彼はぼくらの旅行鞄を預かっていて、「いくらか」出さないかぎり、それを取り戻すことができない。機関車のベルが鳴っている。文句を言っている場合ではなかった。ぼくらはそれぞれ五十セント硬貨を彼の手の中に落とし、自分の荷物を取り戻すと、急いで客車に乗りこんだ。列車が走りだすと、ぼくらは驚いた顔を見合わせて言った。

「ここでは親切でさえ売り買いされるのか」

それ以来、ぼくらは黒人執事の親切な言葉をいっさい信用しなくなった。

一年後、フォール・リヴァーの蒸気船に乗っているとき、新品の絹の傘を盗まれた。船内のみごとな装飾と美しい音楽からは、そこに邪悪な精神が潜んでいるとは想像もできなかった。そして、ぼくの異教的な野蛮さが頭をもたげた。ぼくはわが身の不運を痛切に感じ、後にも先にもこのとき一度だけ、憎むべき悪魔が地獄に堕ちることを祈った。その悪魔は、家のない外国人が、まさにそれを必要としているときに、雨風をしのぐものを盗むことができたのである。四百年前の中国文明でさえ、通りに落ちているものは誰も拾わないと自慢できる社会状況だった。ところが、このキリスト教国の川の上に浮かぶ、ヘンデルやメンデルスゾーンの音楽の魔法にかけられた宮殿では、泥棒の巣かと思われるほど、物を盗まれる危険性があった。

じっさい、キリスト教国で、物を盗まれる危険性が高いというのは、ぼくらにはまったく思いがけないことだった。

この国のキリスト教徒のあいだでは、かつて見たことがないほど、鍵が広く使われている。異教国であるわが国の家々では、鍵を使うことはほとんどない。大半の家は万人に門戸が開かれた状態である。猫は勝手気ままに出たり入ったりするし、人はそよ風に顔をなでられながら寝床で昼寝をする。使用人や隣人が盗みを働くのではないか、などとは少しも心配しない。

しかし、キリスト教国では事情はまったく異なる。金庫や鞄だけでなく、あらゆるドアや窓、収納箱、引き出し、冷蔵庫、砂糖壺など、何にでも鍵がかかっている。主婦は腰に差した鍵束をジャラジャラさせながら立ち働く。独身者は夕方帰宅するとまずポケットに手を突っこんで、二、三十本の鍵束を引っぱり出し、独りぼっちの部屋の鍵を探す。家は玄関のドアから針箱まで、すべて施錠されている。まるで泥棒の魂が空気中のすみずみにまで浸透しているかのようだ。

わが国にはこんなことわざがある。たぶん、ひじょうに疑い深い人が言ったのだろう。

「火を見たら火事と思え。自分の物をすべて焼き尽くされるかもしれない。人を見たら泥棒と思え。自分の物をすべて奪われるかもしれない」

しかし、しっかり鍵をかけるアメリカの家庭ほど、このことわざが文字どおりに実践されている例を、ぼくは見たことがない。それは時代を支配している貪欲さに対応して改造された小さな中世の城である。コンクリートの地下室や石造りの蔵を必要とし、ブルドッグや警官隊に見守られている文明が、はたしてキリスト教の文明と言えるのか、正直な異教徒たちは真剣に疑っている。

しかし、ぼくにとってこの国が、キリスト教国というよりも、むしろ異教国のように見える最大の点は、今もって強い人種的な偏見があるところだ。森林で生活する赤銅色《しゃくどういろ》の肌をした人々は、数々の残酷かつ非道な手段で土地を奪われるという「屈辱の世紀」を経験してきたが、今なお社会からバイソンやロッキー山脈の羊と同様に扱われ、獣のように罠にかけられたり、狩られたりしている。ハム人種は最初、一千万人がアフリカから連れてこられた。現在デヴォン種の雄牛やジャージー種の雌牛が輸入されているのと同じように、しかもそれとまったく同じ目的で、である。彼らに対しては、およそ三十年前、少なからぬ同情とキリスト教的兄弟愛が示された。そして、アングロサクソンの義人ジョン・ブラウン[13]をはじめとす

13　アメリカの急進的な奴隷制度廃止運動家。一八〇〇～五九。連邦の兵器庫を襲撃して捕らえられ、処刑された。

る国民の精華五十万人が命を落とし、神の姿をした人間を売買した罪を贖《あがな》うことになった［南北戦争のこと］。人々は、今では大いにへりくだり、「黒人」と同じ列車の車両に乗るようにはなったが、それでも、自らの血で罪をつぐなった相手の種族から相当の距離を置くことによって、ノアの子ヤペテの末裔［白人のこと］としての虚栄心を保っている。

ある友人に招待され、いっしょに南部のデラウェア州まで行ったことがある。驚いたことに、そこでは町の隔離された一地区がまるごと黒人用に割り当てられていた。このようにはっきりと人種的な差別を行うのは、ぼくにはたいそう異教的に思える、と言うと、友人はすぐさまきっぱりと答えた。キリスト教徒だからといって「黒んぼ」と同じ地区に暮らすくらいなら、異教徒になって、やつらから離れて暮らすほうがましだ！

しかし、インディアンやアフリカ人に対する人々の感情は激しく、非キリスト教的ではあるが、中国人に対する偏見、嫌悪、反感もまた、異教国であるわが国では見たことのないものだ。アメリカは中国に宣教師を送り、中国の息子や娘たちを孔子の戯《たわ》言《ごと》や仏教の迷信からキリスト教へと改宗させようとしている。一方でアメリカは、地面に映る中国人の影でさえ憎悪しているのだ。地球上でいまだかつて見られなかった異様な光景である。キリスト教の伝道は児戯にすぎないのか、セルバンテスの機知を刺激した滑稽な騎士道精神よりも幼稚なものなのか、これほどまでに嫌っている人々に、わざわざ宣教師を送るとは？

キリスト教徒であるアメリカ人が中国人をこれほど嫌う主な理由は、次の三点にあるとぼくは理解している。

一、中国人は貯金をすべて故郷に持ち帰ってしまうので、アメリカが貧乏になる。――つまり、中国人がアメリカ人に受け入れられるためには、稼いだ金はすべてアメリカで使い、手ぶらで故郷に帰らなければならない、というわけである。これは妙な理屈だ。これを言っているのは、日頃、自国民に勤勉と将来への備えを説いている人々なのである。

「人にしてもらいたいと思うことは何でも、あなたがたも人にしなさい」［新約聖書「マタイによる福音書」七章十二節］

わが国に来るアメリカやヨーロッパの貿易商、学者、技術者は、自分の稼ぎをすべてわが国に置いていき、銀行預金を故郷へ持って帰らないのだろうか？　わが国は彼らに一人あたり月に二百、三百、四百、五百、あるいは八百ドルを純金で支払っているけれども、彼らはたいていの場合、わが国ではその三分の一も使わず、故郷へ持ち帰った残りの金で安楽・快適な生活を送っているのではないか？　しかもわが国は、故郷へ帰る彼らに、感謝とともに、絹のローブや青銅の壺を贈り、しばしば帝国勲章とそれに付随する年金まで授与している。

彼らはわが国が支払った額にふさわしい貢献をしてくれた（少なくともぼくらはそう思っている）のであり、ぼくらは金を奪われたなどとは考えない。天下のどんな法によって、中国人はアメリカで稼いだ金をすべてアメリカに置いていかなければならないというのか。彼らはロッキー山脈を越える鉄道を建設する手助けをし、カリフォルニアのブドウ園にブドウを植えて水をやったというのに。

彼らは金貨をただで持ち去るわけではない。ときに自称キリスト教徒たちは、無防備な異教徒に銃口を突きつけたり、乳をふくませている母の胸から、か弱い赤ん坊をさらったりして、金を奪うが、それとは違うのである。中国人は持ち去る金と同価値の成果を残していくのだ。今や金は自然の本来の法によって彼らのものだ。誠実に骨身を惜しまず仕事をした息子たちの神聖な所有権を認めないというなら、あなたがたはいったい誰なのか！

ぼくら「憐れな異教徒」は、お雇い外国人を礼を尽くして見送るというのに、彼ら「祝福されたキリスト教徒」は、ぼくらを罵倒しながら蹴り出すのである。こんなことがあってよいものか、ああ、復讐の神よ！

二、中国人は自分の国のやり方や習慣に固執するため、キリスト教社会の風紀を乱す。

たしかに、弁髪や幅広でだぶだぶのズボンは、ボストンやニューヨークの街で見ると、あまりきちんとした格好ではない。では、コルセットで腹部を締めつけた格好は、北京や漢口の街にふさわしい姿だろうか？

「しかし、中国人の習慣はじつに不潔で、取引のときは狡猾《こうかつ》で油断ならない」とアメリカ人の諸君は言う。東洋のあちこちの港をうろつく高貴な白色人種の実例をいくつか見せてやりたいものだ。彼らもまた中国人同様に不潔で、異臭を放ち、腐りきっている。そのいっぽうで、天然痘にかかった哀れな中国人が、サンフランシスコ検疫所の地下牢に閉じこめられ、まるで十人の皇帝を失脚させた重罪人のような扱いを受けている。

中国人が不正行為を働いているとする噂がある。しかし、中国人が市警本部に爆弾を投げこんだとか、白昼、アメリカ人女性を辱めたとかいう話を聞いたことがあるだろうか？　社会秩序や風紀の維持を目的とするなら、なぜドイツ人排斥法やイタリア人排斥法も制定しないのか[14]？

　これほどひどい迫害を加えるとは、憐れな中国人たちがどんな不正を働いたというのか。彼らはただ無防備で、諸君の野蛮な命令に卑屈なまでに服従しているだけではないか？　わが国に滞在する白人の不正行為を数えて、中国人の不正行為と比べてみるがいい！　わが国にいるアメリカ人やイギリス人に対して、アメリカにいる無力な中国人が受けている屈辱の半分でもあたえれば、すぐに砲艦隊がやってきて、正義と人道の名の下に、わが国はなんの価値もない放浪者一人あたり五万ドルを支払わされるだろう。彼らの人間としての唯一の価値は、青い目と白い肌を持っているという、ただそれだけだというのに。

　キリスト教国には、パウロとケパ［ペテロ］が説いた福音にくわえて、もう一つの福音があるようだ。それが教える憎むべき事柄の一つがこれである。

　力は正義であり、金こそがその力である。

三、中国人は低賃金で働くので、アメリカ人労働者に損害をあたえる。――これは他の二つに比べると、もっともな理由のように思える。こうした理由を持ち出すのは移民労働者に対抗するための「保護策」である。中国人がご飯を一口多く食べられるようにするために、アメリカの家庭で日曜日にチキンパイが食べられなくなるのを、ぼくは見たいとは思わない。それでも、アメリカ国民の良心はこう自問すべきである。

一千万平方キロメートルあまりの乳と蜜の流れる豊かな土地は、六千五百万の国民にとって、じゅうぶんに広いではないか？　アイダホやモンタナやその他に、もう空いている場所は一つもないというのか？　広東や福州のたくさんの人々に、バイソンやハイイログマに立ち向かい、人類のためにその土地を征服する機会があたえられてもいいのではないか？　神の聖典や自然の化石のどこに、アメリカは白人だけのものだという前提を証明する言葉が見つかるというのか？　もしも諸君が虚栄心を傷つけられることなく論駁されたいのなら、次のように説得されるがいい。

14　一八八二年に中国人労働者の移住を禁止する中国人排斥法が施行されている。

憐れな中国人に対して思いやりを惜しむなら、容赦ないユダヤ人が異教徒であるギブオンの住民に思いやりを惜しんだのと同じ程度にせよ。つまり、諸君は彼らを「柴刈り、水くみ」〔旧約聖書「ヨシュア記」九章二十三節〕とし、自分はチュートン民族やケルト民族の血統にふさわしいもっと立派な仕事に就けばよろしい。カフスやカラーやシャツは全部彼らに洗濯させればいい。彼らは子羊のように従順に、しかも白い人の洗濯屋が請求する半分の値段で洗濯するだろう。あるいは、アリゾナかニューメキシコの鉱山に送りこみ、昼の光の中でぼくらが大いに珍重する金属を、地獄の闇の底から取ってこさせればいい。

「ストライキ」は、誰かがそのやり方を教えなければ、憐れな異教徒にとってはまだ未知のものである。これほど従順で、辛抱強く、安い賃金でよく働く労働者の集団は、よそでは絶対に見つからないだろう＊。そのようにして特定の産業分野で彼らを用いることは、キリスト教信仰にふさわしいだけでなく、諸君の懐にとっても有益である。カナダ国境でたびたび中国人を「密輸」している、まさにその行為によって、諸君はそのことを一度ならず証明している。なぜ、ねたみや、酒場から生まれた「政策」などで、人間同胞を祝福しようとしないのか？　なぜ律法と預言者を信じることなく、新来の人々に親切と慈悲を示さないのか？　そうすれば万軍の主[15]が諸君に天国の窓を開き、あふれんばかりの祝福を授けてくれるだろうに。

　しかし今の状態では、中国人排斥法は聖書に反し、キリスト教に反し、福音に反し、人道に反しているように、ぼくには思われる。孔子の戯言《たわごと》でさえ、これよりもずっとましなことを教えてくれる。

　これまでぼくは用心深く読者に国籍を隠してきた。（今頃はすでにすっかりわかってしまっただろうが）。しかし、ぼく自身は中国人でないことを、ここで告白しておかなくてはならない。ぼくはこの世界最古の民族との人種的関係をけっして恥ずかしいとは思わない――彼らは孟子と孔子を世に出し、ヨーロッパ人が思いつく何百年も

＊原注　「正直に言うと、私はかつて中国人がこの国にあふれていることを不安に思っていた。しかしこの数年はまったく不安を感じない……彼らがいなくなったら、われわれはどうすればいいのか、私にはわからない。私は断言する。彼らはこの国に来る外国人の中で、最も静かで勤勉な、まことに賞賛に値する人々である。これほど理解が早く、これほど誠実な人々はいない」（カリフォルニア州選出上院議員スタンフォード）

15　イエス・キリストのこと。

前に羅針盤と印刷機を発明した民族だ——しかし、広東出身の憐れなクーリー(低賃金未熟練労働者)たちがアメリカ国民に小突きまわされ、屈辱と罵倒を受けている状況をぼく自身が容認するためには、ひたすらキリスト教的忍耐によって頭と心を正常に保つしかなかった。

ここでもまた、馬の命名にさえ用いられる聖書中に出てくる名前が、中国人の呼称として使われている。中国人はみな「ジョン」と呼ばれ、ニューヨーク市の親切な警官たちでさえ、ぼくらをその名で呼ぶのである。「中国人を拾う」というのはシカゴの御者が使う丁寧な言葉だ。ぼくらは御者にきちんと料金を支払い、聖パトリックの被守護者「アイルランド人のこと」としての虚栄心を傷つけるようなことは何もしなかった。

列車で同乗した身なりのいい紳士から、白髪まじりのあごひげを整えるのに櫛を貸してくれと言われたことがある。異教国であるわが国では、櫛を返すときに礼を言うのが常識だが、その紳士は礼の代わりにこう言った。

「ところでジョン、おまえはどこで洗濯屋をやっているのかね?」

ある聡明そうな紳士から、いつ弁髪を切ったのかと尋ねられたこともある。ぼくらは一度も弁髪にしたことはないと答えると、紳士は言った。

「なんだって。中国人はみんな弁髪にするものだと思っていたよ」

これらの紳士たちは、ぼくらのモンゴル系の血統を馬鹿にすることに独特の喜びを感じているようだが、彼ら自身はアングロサクソン系の生まれであることについて、とくに敏感だ。次のようなちょっとした出来事がそのことをよく説明している。

ある日本人技術者の一団がブルックリン橋の視察に出かけた。橋脚の下で、吊り索一本一本の構造や張力について議論していると、シルクハットをかぶり、眼鏡をかけた、きちんとした身なりのアメリカ人紳士が近づいてきた。

「やあ、ジョン」日本人科学者たちに割りこんで言った。「こういうものは中国から来た君たちにはひどく奇妙に見えるだろうな、どうだい！」

日本人の一人がこの侮辱するような発言に対して言い返した。

「アイルランドから来たあなたにも同様に見えるでしょう」

紳士は怒って言った。

「いや、むろん、そんなことはない。私はアイルランド人ではないのだから」

「それを言うなら、われわれだって中国人ではありませんよ」と日本人は穏やかに答えたという。この見事な一撃に、シルクハットの紳士は機嫌を損ねて立ち去った。アイルランド人と言われたのが気に入らなかったのである。

キリスト教国のキリスト教国らしくないその他の特徴について述べるには、ぼくには時間が足りない。

たとえば、合法化された宝くじ[16]。その安定した運営は何百万ドルもの金銀に依存しているが、同時に子供でも理解できる単純明快な道徳が、ないがしろにされている。闘鶏、競馬、フットボールの試合などに見られるような広範な賭博好きの傾向。スペインの闘牛よりも非人間的なボクシング。自由な共和国国民の行いとは思えぬ残虐な私刑。世界に類を見ないほど大規模な酒の密売。政治における煽動。宗教における宗派間のねたみ。資本家の横暴と労働者の傲慢。大富豪の愚行。男たちの妻に対する偽善的な愛情、などなど、その他いろいろ。

これが宣教師たちから、他のあらゆる宗教よりもキリスト教が優れている証拠として受け入れるよう教えられた文明なのか？　ヨーロッパとアメリカを作った宗教はまちがいなく天から授かった宗教だとぼくらに宣言したとき、彼らはどれほどきまり悪そうな顔をしていただろうか？　もしも今日のいわゆるキリスト教国を作ったのがキリスト教だと言うなら、その上に天の永遠の呪いが降りかかればよいのだ！　キリスト教国では平和などとうてい見つけられない。あるのは混乱と複雑と精神科病院と刑務所と貧しい家々ばかりだ！

ああ、日出ずる国の安らぎ、蓮の生い茂る池の静けさが懐かしい！　そこでは汽笛に驚かされて眠りを破られることはなく、鳥のさえずりで快い眠りから目覚める。高架鉄道の塵《ちり》や騒音はなく、牛が鳴きながら車を引いている。ウォール街の戦場のような市場で稼いだ血の代価で建てた大理石の大邸宅はなく、自然の恵みの中で心地よく

16　聖書には賭博そのものを戒める記述はないが、新約聖書「テモテへの手紙一」六章八～十一節に次のような記述がある。「食べる物と着る物があれば、わたしたちはそれで満足すべきです。金持ちになろうとする者は、誘惑、罠、無分別で有害なさまざまの欲望に陥ります。その欲望が、人を滅亡と破滅に陥れます。金銭の欲は、すべての悪の根です。金銭を追い求めるうちに信仰から迷い出て、さまざまのひどい苦しみで突き刺された者もいます。しかし、神の人よ、あなたはこれらのことを避けなさい。正義、信心、信仰、愛、忍耐、柔和を追い求めなさい」

安らげる藁葺《わらぶ》き屋根がある。金や名誉や空虚な見せ物に比べれば、太陽や月や星々のほうが、より清く、より美しい崇拝の対象ではないか？

ああ、天よ、ぼくはもうだめだ！　だまされたのだ！　ぼくは不安とひきかえに真の安らぎを捨ててしまった。かつての信仰に引き返すには、ぼくはもう大人になりすぎた。かといって、新たな信仰に黙って従うことも不可能だ。

ああ、幸いなる無知が懐かしい。無知のままでいれば、ぼくは善良な祖母が満足していたもの以外の信仰を知らずにすんだだろう！　祖母は無知だったからこそ勤勉で、辛抱強く、誠実だった。最期の息を引き取るときも、祖母の顔が良心の呵責《かしやく》で曇ることはなかった。祖母が手にしたのは平安であり、僕がいま手にしているのは疑念だ。

悲しいかな、ぼくは祖母を偶像崇拝者と呼び、迷信を信じる祖母を憐れみ、祖母の魂のために祈ったが、そのときぼく自身はすでに底なしの深淵に飛びこみ、恐怖と罪と疑念に翻弄されていたのだ。

ぼくは今後、欧米の宗教であることを根拠にキリスト教を擁護することはけっしてするまいと誓う。この種の「外的証拠」は、ただ不十分なだけでなく、全般的にきわめて有害な影響を及ぼすものである。不滅の魂を支えることのできる宗教には、そんな「見せかけ」の証拠ではなく、もっと深く確かな、よって立つ基盤がなくてはならない。それなのに、かつてのぼくは自分の信仰を、そんな藁の上に築いていたのである。

第七章　キリスト教国にて——慈善家たちの中で

中国の賢人の名言に「山にとどまる者は、山を知らない」というのがある。じっさい、遠くから眺めると、より美しく見えるだけでなく、より広範囲に見ることができる。山の本当の大きさは、遠くからでないとわからない。

自分の国の場合も同じである。住んでいるあいだは、国のことはあまりよくわからない。国の本当の状況、すなわち、大きな世界全体の一部として、その良いところと悪いところ、強みと弱みを理解するには、離れたところから見なければならない。

ニューヨーク市の住民の中には、これほどニューヨークのことを知らない人がいるだろうか、と思われる人々がいる。その人々にとってはセントラル・パークが世界にただ一つしかない「荒野」であり、市の博物館が広い世界をのぞき見ることのできる穴なのである。

これは有名な話だが、イギリス貴族は自分たちの島国の帝国についてよく知らない。ゆえに、巨額の費用をかけて世界中を旅行するのはほとんど義務であり、そうすることによって、女王陛下の良識ある臣下に少しでも近づこうとするのである。

だから、異教徒を改宗させるために派遣された宣教師たちが、自ら改宗して帰ってくることも多い。もちろんキリスト教徒をやめたという意味ではなく、自分がかつて持っていた考え方をかなり大幅に改めたということだ。自分たちやキリスト教国についての考え方、キリスト教徒が「神に選ばれた」者であり、異教徒は地獄に堕ちるという考え方などを改めたのである。

「かわいい子には旅をさせよ」というのは、わが国の誰もが知っていることわざだ。旅ほど人の迷いを覚ますものはない。

自分が生まれた国に対するぼくの見方は、まだそこにいるあいだは、ひどく偏っていた。まだ異教徒だった頃、ぼくにとってわが国は宇宙の中心であり、世界の羨望の的だった。

「土地は五穀*が豊かに実り、気候は世界一穏やかで、風光明媚、海や湖は乙女の瞳のようであり、松林に覆われた丘は乙女の三日月形の眉のようである。国土は精気にあふれ、まさに神々の住まいであり、光の泉だ」

まだ異教徒だった頃のぼくは、言ってみれば、自分の国をそんな風に考えていた。それが「改宗」してみると、まったく正反対の見方をするようになった！「遠い遠いところにある幸福な国々」のことを教えられた。四百もの大学があるアメリカ。ピューリタンの故郷イングランド。ルター[1]の父祖の地ドイツ。ツウィングリ[2]の誇りスイス。ノックス[3]のスコットランド。アドルフ[4]のスウェーデン。

まもなく、ぼくの国は本当に「何の役にも立たない」、という考えにとらわれた。わが国は異教国であり、国をよくするためには、他国から来る宣教師が必要だった。天の神はわが国のことをあまり考えたことがなく、ずいぶん長いあいだ、悪魔の手にすっかり委ねていた。

わが国の道徳的・社会的な欠陥の話になると、アメリカやヨーロッパにはそのような欠陥はないと、しょっちゅう言われた。わが国がいつかマサチューセッツやイングランドのようになれるとは、とても思えなかった。たとえわが国が存在を消し去られたとしても、世界は少しも悪くはならないだろうと、ぼくは本当に信じていた。

「日本にも納税のようなものはあるのですか?」

日本で布教学校《ミッションスクール》に通う日本人の少女が先生にそう尋ねたという。かわいそうに、この無邪気な少女は、自国の人々がひどく劣悪な状況にあって、今も、強要その他「国民の血をする」ような異教的な方法がとられていて、納税のような公平とか公正といった方法は、大好きなアメリカ特有のものだと思ったのである。こうした「国民性を奪う宣教師の影響力」は、布教地ではさほど珍しい現象ではない。

しかし、遠い外国の地から眺めてみると、自分の国はけっして「役に立たない国」

＊原注　米、麦、粟、豆、黍
1　マルティン・ルター(一四八三～一五四六)。ドイツの宗教改革者。救いは行いによらず信仰のみによると説いた。
2　ウルリヒ・ツウィングリ(一四八四～一五三一)。スイスの宗教改革者。チューリヒで宗教改革を展開。
3　ジョン・ノックス(一五一五頃～七二)。スコットランドの宗教改革者。カルバンの影響を受け、スコットランドに改革派教会を設立。
4　スウェーデン王(一五九四～一六三二)。在位一六一一～三二)。グスタフ・アドルフとして知られる。三十年戦争で新教徒に味方した。

ではなかった。すばらしく美しい国に見えるようになった――その美しさは、ぼくが異教徒だった頃の異様な美しさではなく、あるがままの調和のとれた美しさであり、その独自の歴史的個性で、宇宙の一定の空間を占めていた。

わが国の国家としての存在は、天そのものによって定められた。その世界と人類に対する使命は、はっきりと示された。そして今も示されている。わが国は高い目的と気高い目標を持つ神聖な実体であり、世界と人類のための存在であることがわかった。ぼくのものの見方に、わが国についてのすばらしい観点があたえられたことを、ぼくは大いに感謝した。

しかし、海外を旅することで得られる有益な成果はこれだけではない。異国での生活ほど、自己を見つめるのに適した環境はない。逆説的に聞こえるかもしれないが、自分のことをもっとよく知りたければ、世界に飛び出すことである。他の民族、他の国々に接する場所ほど、自分のことが明らかになる場所はない。内省が始まるのは、目の前に別の世界があらわれるときである。

いくつかの事柄が相まって、このような結果がもたらされる。

第一に、いちばんはっきりしているのは、異国に滞在する者にとって、孤独は避けられない、ということだ。現地の人とどれほど親しくなったとしても、その国の言語をどれほど自在に話せたとしても、よそ者であることに変わりはない。普通なら楽しく盛りあがるはずの会話は負担になる。なぜなら、時制や叙法を間違えないように動詞を活用させたり、単数名詞には単数形の述語をつけたり（ぼくの母国語にそういうものはない）、微妙に異なるたくさんの前置詞から正しいものを選んだりするのに、余分な精神的エネルギーが必要だからだ。

親睦のための晩餐会に招待されても、期待していた楽しみの多くを奪われる。なぜなら、決まった食事作法に従って、取ったり食べたり飲みこんだりするのに、余分な注意力が必要だからだ。

ときどき髪をとかすのを忘れて出席することがあった。それに気づいて、食事のあいだずっと良心の奥底までがちくちくとうずくのを覚えながら、座っていたものである。だから、ぼくらの不作法なふるまいを鋭く厳しい目でじっと見つめる淑女たちの視線に邪魔されることなく、ひとりで、自分の好きなように食べるほうがずっといいと思ったものである。そのような環境では、孤独はひじょうに快いものとなる。独白と内省が日々の大きな楽しみとなり、客観的自己と主観的自己がたえず語り合っている。

第二に、人は自分の国の外に踏み出したら、一人の個人以上のものになる。国家と民族を背負っているのだ。言葉や行動は、単にその人個人のものではなく、民族や国家のものとしても評価される。だから、ある意味で、異国に滞在する者はみんな、国の全権公使なのだ。彼らは国と国民を代表している。世界は彼らを介してその国を理解する。責任の重さを感じることほど、人を堅実にさせるものはないと、ぼくらは知っている。自分が卑劣な行動をとるか、高潔な行動をとるかによって、自分の国が軽蔑されたり、賞賛されたりすることがわかると、ぼくはすぐさま、あらゆる軽佻浮薄な行いを慎むようになる。ぼくは、荘厳なセントジェームズ宮殿に遣わされた駐英大使のように、厳粛な気持ちになる。そこで内省し、熟考し、判断する。それができない者に、国民の資格はないと思う。

第三に、ぼくらはみな、ホームシックがどういうものか知っている。それは自分の性分に合わない環境に対する自然の反動である。今は見えなくても心の目から消し去ることのできないあの見慣れた顔や野山が、ぼくらの心を支配しようとする。そして、新しい環境に順応しようと努力しているまさにそのとき、故郷はその嫉妬深い愛で、ぼくらをさらに楽しい思い出に縛りつける。そのうち憂鬱な気分に襲われ、心がせつなくなって涙がこぼれる。そんなときぼくらは小さな谷や森に出かけ、黙想にふけりつつ、ときどき祈ったりする。ぼくらの目は、西の海に沈む太陽を追いかけ、こう願う。愛する故郷の人々が燦然と輝く日の出を見つめるときに伝えてほしい、ぼくらは元気で、みんなのことを思っていると。そのとき、ぼくらは精神の世界に住んでいる。ツバメは来ては去っていく。人々は商売をして、儲かったり損したりしている。けれども、故郷を離れた者は、一年を通じて、ずっと同じことをしている——自己と対話し、神と対話し、魂と対話しているのだ。

これには何か神の目的があったにちがいない。たとえば、モーセが民の解放者としてあらわれる前、ミデアン人の地に逃れていたように。[5] エリヤの「ベールシェバへの逃避」[6]は、異国にあって魂の孤独のうちに神を求めようとする者にとって、じっさい、ひじょうに大きな慰めとなっている。

5　旧約聖書「出エジプト記」二章十一節以下参照。
6　旧約聖書「列王記上」十九章参照。

砂漠の石の上に座れ、
ホレブの洞穴に独りでいたエリヤのように。
そうすれば、優しい声が荒野の彼方から聞こえてくる、
むずかる子を慰める父のような声が、
苦しさ、怒り、恐れを消し去り、
こう言う。「人は遠くにいるが、神は近くにいる」[7]

聖パウロの「アラビア行き」[8] はずっとこのような意味に解釈されてきた。異邦人への伝道に情熱を傾けた使徒パウロに、精神的な修行の期間があったのは、しごく当然のことだったからだ。神の子イエスを「直接」理解し、世にあらわれて次のように告げるためである。

「兄弟たち、あなたがたにははっきり言います。わたしが告げ知らせた福音は、人によるものではありません。わたしはこの福音を人から受けたのでも教えられたのでもなく、イエス・キリストの啓示によって知らされたのです」〔新約聖書「ガラテヤの信徒

への手紙」一章十一、十二節」。

アメリカに到着してまもなく、ぼくはペンシルヴェニアの医師に[9]「拾われ」た。その医師はきわめて実践的な慈善家でもあった。ぼくの内なる性質に少し探りを入れたのち、面倒を見ようということになり、ぼくを「看護人」の一人に加えた。実践的な慈善活動をいちばん下から上まですべて経験させるためである。帝国政府の官吏から知的障害児施設の看護人への転身は、かなり急激な変化だったが、それを身にしみて

7　スコットランドの詩人トマス・ブリングル（一七八九〜一八三四）の詩「Comfort and Cheer Afar in the Desert」の一節。

8　「ガラテヤの信徒への手紙」一章十五〜十七節。「しかし、わたしを母の胎内にあるときから選び分け、恵みによって召し出してくださった神が、御心のままに、御子をわたしに示して、その福音を異邦人に告げ知らせるようにされたとき、わたしは、すぐ血肉に相談するようなことはせず、また、エルサレムに上って、わたしより先に使徒として召された人たちのもとに行くこともせず、アラビアに退いて、そこから再びダマスコに戻ったのでした」

9　アイザック・ニュートン・カーリン（一八三四〜九三）のこと。アメリカ近代精神医学の開拓者。

感じることはなかった。ナザレの大工の息子が、ぼくにまったく新しい人生観を教えてくれたからだ。

ここで一つ述べておきたい。ぼくが病院の仕事に就いたのには、マルティン・ルターがエアフルトの修道会に入ることになったのと同じような目的があった。ぼくがこの仕事に就いたのは、自分がその道で活動することを世の中から求められていると思ったからでもなければ、まして職業として選んだわけでもない（貧しくはあったが）。「来るべき天罰」から逃れる場所はそこしかないと思ったからだ。そこでなら肉欲を抑え、自己を律し、心の清らかな状態に到達して、天の王国を受け継ぐことができる、と。

そういう意味では、心の奥底では、ぼくは利己的な人間だった。そして、たくさんのつらい経験を通して、利己主義は、どんな形であらわれようとも、悪魔の所業であり罪であることを知ることになる。慈善活動に必要とされる、完璧な自己犠牲と揺るぎない無私の精神に従おうと努力するうちに、自分の持って生まれた利己心が、恐ろしいほど罪深いものとして、残らず明らかにされた。そうして自身の中に見いだした暗黒に、ぼくは圧倒され、落胆し、言いようのない苦しみに身悶えした。だから、ぼくの人生のこの時期の記録は荒涼としている。今日の読者は、もっと人生の明るい面を見ることに慣れているので、そんなことをいちいち深刻にとらえたりはしないかもしれない。しかし、苦しんでいる当人にとっては、それは紛れもない現実の話であり、その中から、長いあいだ求めていた安らぎや、さまざまな喜ばしい成果がもたらされたのである。

しかし、ぼくの内心の葛藤はさておき、病院での生活はけっして不愉快ではなかった。院長はぼくの健康と幸せを心から気遣い、わが子に注ぐ愛情をのぞけば、最も深い愛情でぼくの面倒を見てくれた。院長は、正しい道徳と正しい行為のためには、身体が正しい状態でなければならないと信じていた。だから当然、ぼくの精神よりも、胃袋のほうを気遣った。

院長を知らない人々は、彼を極端な唯物論者だと考えた。とくに、彼が得意の問題、すなわち「知的障害」について語るのを聴くときにはそうだった。「知的障害」とは、

10　一五〇五年、ルターは大学在学中、旅先で突然雷雨に襲われ、死の恐怖を感じたことから、エアフルトの聖アウグスチノ修道会に入ったという。

誤った育て方や劣悪な環境が原因で引き起こされる体質の堕落だというのだ。

しかし、院長は唯物論者でも無神論者でもなかった。神の摂理を堅く信じていた。そのことは彼が、神の摂理は一生を通じて自分を導いてくれる「手」だと、つねづね語っていたことからもわかる。院長は、ぼくの面倒を見ることになったのは、たんなる偶然以上の「何か」の結果だとまで考え、その考えに従って、ぼくのことを気にかけ、見守ってくれた。

院長の聖書の知識は広範囲にわたっていた。厳密に言うと、「正統派[11]」の信仰を持っていたわけではないけれども、冷酷な知性主義を嫌悪し、ユニテリアン主義[12]を、「最も狭量で無味乾燥な宗派」だと公言してはばからなかった。ただし、妻は人当たりのよいユニテリアン信徒だったし、職員の大部分はマサチューセッツ州[13]から採用していたのだが。

アイルランド人の同僚がよく言っていたように、院長はときどき「猛烈に怒鳴る」ことがあった。その声は建物全体が震えるほどで、そんなときは誰もが彼に近づかないようにした。それでも院長は、さまざまな人々からなる大きな家族全体を包みこむ心を持っていた。身体に障害のある小さなジョニーも、口のきけない小さなソフィーも、看護長と同じように、気楽に院長に接していた。ぼくらの有能でしっかり者の看護長は、たびたび院長を押しとどめたり、やりこめたりしたものである。

院長の音楽の技量は相当なものだった。よくみんなが退出した後で、音楽の先生のピアノに合わせて歌っていた。ぼくが心の中で苦しんでいるとき、院長が声を震わせて熱唱する気に入りの一曲は、たびたびぼくの魂を静めてくれたものである。

ゆるやかに神の手によって広げられ
疲れ果てた世界を覆うようにして
闇が降りる。ああ！　何と静かなのだろう
あの方の御意思の働きは[14]

11　父と子と聖霊の三位一体説を信じるキリスト教諸宗派。
12　キリスト教正統派教義である三位一体説に反対し、神だけの神性を主張、イエス・キリストの神性を否定する。
13　一八二五年に創設されたアメリカ・ユニテリアン協会の本拠地がマサチューセッツ州ボストンにあった。

しかし、ぼくが院長を崇拝し、その教えに忠実に従うようになった理由は、彼の信仰でも、音楽でもない。それは、着実に実行される体系的な思考と、しっかりと方向づけられた意志だった。それによって彼は、岩場だらけのペンシルヴェニアの丘陵を少しずつ開墾し、そこに最も不幸な人々のための、立派な共同体を作りあげた。そして、およそ七百人の知的障害児たちを支配し、指導し、服従させる管理能力と、実現には彼の生涯とその息子たちの生涯を要するであろう、遥かな未来にまで広がる壮大な野心。これらすべての理由から、院長はぼくにとって、母国でも、他のどこでも見たことのないような驚異の人にして模範の人となった。彼は、その頃ぼくが悩まされていた難しい宗教上の疑問を解く手助けはしてくれなかったけれど、自分の人生と信仰を精一杯活かすことを教えてくれた。

さらに、慈善活動は、たとえどんなに崇高で繊細な気持ちに裏づけられたものであっても、その活動を通じて、苦しむ人々に恩恵をもたらすためには、明晰な頭脳と鉄の意志がなければならず、それがなければ、この実際的な世界では、ほとんど実際の役に立たない、ということも教えてくれた。

「実践神学」のどの科目も、この貴重な教訓を、院長ほど的確かつ感動的に教えることはできなかっただろう。院長はまさに実際的な人間の生きた見本だった。院長こそ、病的な狂信（そう呼んでよければ）に陥りかけたぼくを救ってくれた人だった。病的狂信に悩める者たちはこのようになる。

惨めさを嘆きながら、惨めな人々を遠ざけ、
どこか快い孤独の中で、
甘美な愛と怠惰な同情を心に抱く[15]

院長は最後の最後まで、つねに最も信頼できる友人だった。そして、年齢、人種、国籍、気質の違いにもかかわらず、ぼくが彼に抱いた親愛の情は、いつまでも変わることはなかった。ニューイングランドの大学時代、他の親友たちがぼくの心や頭を気

14　ウィリアム・ヘンリー・ファーネス牧師（一八〇二～九六）の作詞による賛美歌の一節。
15　イギリスの詩人サミュエル・テイラー・コールリッジ（一七七二～一八三四）の詩。

遣う中、院長はぼくの胃袋のことを忘れず、たびたび物質的にも援助してくれて、たっぷり食事をとって、元気にしていなさいと言ってくれたものだ。

帰国後、慣例から外れたやり方で活動したために、同じ信仰の家に属する多くの人々から精神的、宗教的な健全性を疑われたときも、院長はぼくが正《ただ》しく誠実であることをけっして疑わず、大洋の向こうから支援と声援を送ってくれた。いやそれどころか、彼はぼくに人間らしさをあたえてくれた。書物や大学や神学校でしか学んでいなかったら、ぼくのキリスト教信仰は、冷たく硬直した非現実的なものになっていただろう。大いなる魂は、なんとさまざまな方法で、ぼくらを形作ることか！

院長夫人はユニテリアン信徒だった。アメリカに渡る前、キリスト教の本をいろいろと読んでいるとき、ぼくはユニテリアン主義についてまったく好意的な意見を持てなかった。異教信仰よりも悪いものであり、一見キリスト教信仰とよく似ているので危険だと思った。白状すると、ぼくは最初、夫人を強い疑いの目で見ていた。頭はいいが心がなく、偉大なる主の生涯を彩ったあらゆる優しさ、神々しいほどの女性らしさ[16]とは無縁なのだろうと、ぼくは想像した。そしてぼくを手厚くもてなしてくれる女主人の前でも、ぼくはユニテリアン派の教義に対する反感を隠さなかった——なんと無礼な野蛮人だったことか。

ところがどうだ！　夫人は自分に心があることを、しかもとても優しい女性らしい心があることを、ユニテリアンの信条に従って行動することで証明したのである。ぼくの正統派信仰は、彼女にとっては何の障害にもならず、友としてぼくに力を貸してくれた。夫人は院長とともに、たびたびぼくを助けてくれたが、院長以上に、その女性らしい直観でぼくの個人的な苦悩を「嗅ぎつけ」、慰めてくれた。最期の病の床にあったときも、何度もこの上なく優しい言葉でぼくのことを気遣った。そして、天の父の王国にいるドロシア・ディックスその他のユニテリアンの聖女たちのもとへ旅立つわずか数日前になっても、ピューリタンの教義を「頑固に」支持するぼくのことを忘れていなかった。そして、異教徒に対する最後の伝道として、大洋の向こうから、とてもありがたいクリスマス・プレゼントを送ってよこし、ぼくの活動の推進を支援してくれた。それがユニテリアン主義の活動でないことは承知の上だった。

そのようなユニテリアン主義と両立できないような正統派信仰は、「正統派」すな

16　聖母マリアやマグダラのマリアなどのことか。

わち「正しい教義」の名に値しないと、ぼくは思う。真の寛容さとは、ぼくの考えでは、自分の信仰には揺るぎない確信を持ちつつ、あらゆる正直な信念を許し、認めることである。何らかの真理を知ることができるという信念と、すべての真理を知ることはできないという疑念を持つことこそ、真のキリスト教的寛容さの基礎であり、あらゆる善意とすべての人々との平和的関係の源である。もちろん、ぼくは一日でこのような健全な考え方をするようになったわけではない。しかし、ぼくがこのような理想を持つようになったのは、間違いなく、尊敬すべき院長夫人のおかげが大きい。

病院にはもう一人、人の心を奮い立たせる人物がいた。看護長である。彼女ほど意志強固な人をぼくは知らない。しかも女性なのだ！ 広い建物の中を端から端まで順に見てまわり、その鋭い目をすべての少年少女に向ける。そして、ジョージーの足にジョニーの靴下をはかせたり、スージーの頭にサラの帽子をかぶせたりした不注意な看護人は、ただではすまない。女も男と同じように物事を取り仕切ることができる。それを実証してみせてくれたのは、疑いもなく、この尊敬すべき女性であった。彼女はまさにキリスト教国アメリカの産物だ。女らしい優雅さや美徳を重んじる異教国では、彼女に匹敵するような人は一人もあらわれないだろう。

さらにもう一人、病院勤務時代に、ぼくが強く敬愛するようになった愛すべき人物について触れないわけにはいかない。その人はぼくのキリスト教信仰の荒けずりな部分の多くを平らにならしてくれた。彼はデラウェア州の出身で、その心情は明らかに南部びいきだった。有能な若い医師で、聖公会信徒、身軽で器用にダンスを踊り、優れた俳優になることもできたし、詩を書くこともできた。英国スチュアート朝[17]の王たちの崇拝者で、善良で心優しく、とても思いやりのある友人だった。彼を前にして、ぼくの南部反乱諸州[18]に対する偏見はたちまち消え去った。それはニューイングランドへの共感や土地の人々とのつきあいによって胸中に生まれた偏見だった。ぼくのピューリタン信仰とクロムウェル崇拝は、彼を信頼と敬愛の対象として受け入れる上で、何の障害にもならなかった。

デラウェアの実家に連れて行ってくれたことがある。ぼくが彼に説明した理想の女

17　ピューリタン革命および名誉革命を経験したイギリスの王朝。もともとは一三七一年以来のスコットランド王家だったが、一六〇三年、ジェームズ六世がイングランド王ジェームズ一世として即位すると、以後は両国の王家となった。ピューリタン革命により一六四九年から六〇年まで断絶したが復活、一七一四年まで続いた。

性像と多少なりと比較できるような、本物の貴婦人をぼくに見せるためだ。彼によると、そのような女性はアメリカ国内にはたしかにいるが、北のペンシルヴェニアやマサチューセッツにはいない、とのことだった。彼は貸し馬車を雇って、ぼくを最初に州知事の屋敷に、次に前知事の屋敷に、そしてその他いろいろなところへ連れて行った。表敬訪問した美女の前から引き下がるたびに、彼は尋ねた。「あれはどうだった？」彼女はまだぼくの理想に到達していないと答えると、彼はまた別の女性を紹介し、だめならまた別の女性を紹介する、というぐあいで、ぼくから賞賛の言葉を引き出そうと必死だった。昔の騎士が馬上槍試合の相手から、自分が仕える貴婦人への賛辞を引き出そうとしたのと同じである。しかし、ぼくは自分に正直でありつづけ、ついには彼をがっかりさせることになった。

「じゃあ、デラウェアの何が欲しい？」彼はとまどいながら、最後に言った。ちょうど桃の季節だった。ぼくはアメリカに渡る前、デラウェアでは最高品質の桃がとれるということを、地理学で学んでいた。そこで、州内最高品質の桃をいくつか所望した。彼は早速、喜んでそれを注文してくれ、ぼくは欲しいものがすべて手に入ったので、大満足だった。

　こうして彼は、北部人《ヤンキー》への共感のせいでそれまで知らずにいたもういっぽうのアメリカを、ぼくに見せてくれたのである。南部人は気前がよく、思いやりがあり、誠実で、疑うことをしない――アメリカのキリスト教信仰を動かしているのは、ドルやセント、ジョナサン・エドワーズ[19]やセオドア・パーカー[20]の思想ばかりではないのだ。

　騎士道的キリスト教のようなものが存在し、それはぼくの国民精神に強く訴えるものだった。ぼくはこの南部の友人の精神に少しばかり倣って、彼から贈られた聖公会

18　アメリカ南北戦争期、奴隷制を支持して合衆国から脱退した南部十一州。一八六〇年、奴隷制廃止を主張するリンカーンが大統領に当選すると、サウスカロライナ、ミシシッピ、フロリダ、アラバマ、ジョージア、ルイジアナ、テキサスの七州が連邦を脱退。六一年、南部連合の結成を宣言。同年春、北部との開戦後ヴァージニア、ノースカロライナ、アーカンソー、テネシーの四州が加わった。デラウェア州は南北戦争時は北部側にとどまったが、まだ奴隷制度を維持しており、市民の中には南軍に参加する者もいたという。
19　イギリスの植民地時代のアメリカの牧師、神学者。一七〇三～五八。ニューイングランドに起こった「大覚醒」と呼ばれるリバイバル（信仰復興）運動の指導者。
20　アメリカのユニテリアン派牧師・神学者。奴隷廃止論者、社会改良家。一八一〇～六〇。

祈禱書の言葉をたくさん暗記し、聖公会の礼拝に出席することに喜びを感じはじめた。神の霊に導かれているとき、寛容さは自分の信仰への高まる確信とけっして矛盾しない。デラウェアの友人を通して、キリスト教国の別の半面と親交を結ぶことができて、今も感謝している。それでもぼくは、オリヴァー・クロムウェルへの限りない賞賛の気持ちや、清教徒的キリスト教に含まれる尊い真理への愛着を、少しも失わなかった。

紙幅が限られているので、ぼくが病院勤務時代に感化されたその他の親友や喜ばしい影響のすべてについて、ここで触れることはできない。アイルランド出身の人々、しかも紳士階級ではない人々からも刺激を受け、ぼくの知的、精神的視野は広がった。中でもよく憶えているのは、一人の屈強な男のことだ。彼はグラッドストンを崇拝していた。ぼくが、ヴィクトリア女王のような強力な君主がいてうらやましい、と言うと、彼は強い反対を表明し、足を踏みならしてこう答えた。「あんないま＊＊しい女の臣民になるくらいなら、アビシニア［現エチオピア］の王に支配されたほうがましだね」そのくせ、これらエメラルド島［アイルランド］の本当の代表者とは言いがたい息子、娘たちは、心優しく、信心深くもある。

このような当時の環境についての記述にくわえて、ぼくの日記からもう少し引用しておこう。

一八八五年一月一日　寒い。昨夜は「信仰による義認[21]」について大いに感じるところがあった。初めて病人の看護の仕事をする。ぼくにこの道を開いてくれた神に感謝。

知的障害児施設の看護人としての第一日。ジョン・ハワード、エリザベス・フライ[22]、その他無数の聖人、聖女たちの名によって神聖化された念願の労働の道が、今このぼくに開かれたのだ。じっさい、自分も聖人になったように感じた。しかし、「律法の行い」によって自己を義（正しいもの）としようとするぼくのこの試みの、まさに最初から、すでに心の奥深くでは、こんな声がしていた。「人が義とされるのは律法の行いによるのではなく、信仰による」〔新約聖書「ローマの信徒への手紙」三章二十八節〕

21　神が人間の罪を赦し、正しい人と認めて受け入れること。
22　イギリスのクエーカー教徒。刑務所・病院制度の改革者。一七八〇〜一八四五。

一月六日　ヨブ記を読む。大いに慰められる。

ここでも尊いアルバート・バーンズの助けを借りた。『聖書註解書』の二巻を一気に読み通した。あらゆる災いから生じる最終的な結果は善である、ということが、ぼくの心に永久に刻まれた。それ以来、この人生観を見失うことはまずなかった。たとえどんなに暗い雲の中にあっても。

一月十一日、日曜日。終日勤務。ハヴァーガル[23]を読む。精神的なことについて、いろいろと教えられる。

一月二十五日、日曜日　この人生はぼくらに天国へ入る方法を教えてくれる学校だ。だから、この人生の最大の成果は、「貴重かつ永遠の教訓」を学ぶことだ。

新たな教訓を、救いの天使、中でも最も著名なフランシス・ハヴァーガルから教えられている。それまで、ぼくにとってはこの地上での人生がすべてだった。たとえキリスト教の律法の下にあってもだ。新たな信仰を受け入れたのは、幸福な家庭、自由な政府など実用的な目的のためであり、本来の精神的な価値のためではなかった。

「わが国を欧米諸国のように強い国にすること」が、ぼくの人生の第一の目的だった。ぼくがキリスト教を歓迎したのは、この構想を実現するための大きな原動力となると思ったからだ。ああ、どれほど多くの人々が、社会政治上の理由からキリスト教を受け入れていることだろう！　しかし、今や国への愛は、天国への愛のために犠牲にしなければならなかった。真に崇高な意味での国への愛を取り戻すために。

二月二日　自分は神の息子であるという考え方。大いに勇気づけられる。

二月十一日　フィリップス・ブルックス[24]の『イエスの感化力』を読み、大いに勇気づけられる。

自分は神の息子であって、兄弟でも同輩でもないという大発見。なぜ神を相手にして強さと純粋さを競おうとするのか？　同等の立場で神に受け入れられようというの

23　イギリスの聖歌作者・宗教詩人。一八三六～七九。
24　アメリカ監督教会の主教・説教家。一八三五～九三。

か？　思いあがったこの世の小さな神よ！　汝自身を知れ。そうすれば万事うまくいくだろう。

そしてフィリップス・ブルックス！　彼はあらゆる苦闘する魂を励まし、支えた。白い法衣の下のなんという深さ、祈禱書の背後のなんという広さ！　ぼくはブルックスの本を夢中で読みながら思った。この人はぼくの病をすべて知っていて、その特効薬を持っている、と。旅人がフィリップスの霊薬を一息に飲むと、一週間か二週間、歌を口ずさみながら前進を続ける。茨《いばら》が茂り、山や谷ばかりだった大地は、彼の目の前で平坦にならされてゆく。

二月十四日　ぼくの知識と真理は、ぼくの知っている範囲にしかない。世界には異なる意見がいろいろあるかもしれないが、それらはぼくの意見ではない。だからそれらの意見について、ぼくは責任を持てない。ぼくが尊重したいのは、ぼくの知っていることだけであり、それ以外のものではない。

ぼくの知識の範囲をはっきりさせておく必要があった。そのとき受け入れるよう迫られていたさまざまな意見から身を守るためである。アメリカにはさまざまな宗派があり、それぞれが他を犠牲にしてでも信徒を増やそうとしている。よく知っている他のものは言うまでもなく、ユニテリアン主義、スウェデンボルグ主義[25]、クエーカー主義など、なじみのない主義が、すでにぼくに挑んできた。憐れな異教徒からの改宗者はどれを信じてよいものやら途方に暮れる。だからぼくは、どれも受け入れないことに決めた。それぞれに長所と短所がある何十種類もの宗派から「正しい選択」をできる人間が、この世の中にいるだろうか？　なぜ憐れな改宗者に対して、「バプティゾー[26]」という言葉の語源をしつこく持ち出しては、「水に浸される」よう説得したりするのだろう。同様に偉大で敬虔な権威者たちによれば、水をかけることさえ永遠の救済には必要ないというのに。憐れな改宗者には慈悲深くあれ、「本場のキリス

25　スウェーデンの科学者・哲学者・神学者。一六八八〜一七七二。スウェーデンボリとも。最初は自然科学を研究していたが五十五歳のときに神の啓示を受けて科学の限界を悟り神霊者・神秘的神学者として活躍。

26　ギリシャ語で「浸す」という意味。名詞形である「バプテスマ」が新約聖書の「洗礼」の語源である。プロテスタントの一宗派であるバプテスト派は幼児洗礼を認めず、自覚的信仰に基づく浸礼を主張する。浸礼とは全身を水に浸す洗礼のこと。

ト教徒たち」よ。そして寛大であれ。

二月十八日　大いに疑問。少なからず悩む。ぼくの心は神に向けられなければならない。人の意見はさまざまでも、神の真理は一つのはずだ。神自身によって教えられないかぎり、真の知識は得られない。

　真理の「選択」との恐ろしい戦い。イエスは神か、人間か？　もしもイエスは人間だと信じたら、永遠の地獄の炎に焼かれることになりはしないか？　しかし、エマーソン[27]、ギャリソン[28]、ローウェル[29]、マーティノー[30]その他、勇気と学識を具えた偉大な人々によれば、イエスは人間だという。当時、ぼくはキリストの神性を信じていたが、その信仰は、多くのものを犠牲にして捨て去ってきた迷信的偶像崇拝と同じように、愚かで根拠のないものだった。

　この点に関して、ぼくの苦闘はまだ決着がついていなかったのに、そのあいだにも、別の聖職者の一団がやってきて、親切なことに、プロテスタントの悪魔にだまされてはいけないと警告し、ギボンズ枢機卿[31]の著書『われらの父祖の信仰』をプレゼントしてくれ、一生懸命、祈りをこめて熟読しなさい、と言う。

そうしてこの重大な問題の解決に真剣に集中したとたん、今度はダーウィン[32]、ハクスリー、スペンサー[33]らの名を借りた不可知論者たちが、そんな無意味な疑問は捨てて、目に見える形あるものに目を向けて一休みしなさいと忠告する。

それから、マダム・ギュイヨン［フランスの神秘思想家。一六四八〜一七一七］のように、いかにも敬虔そうに見える人々が、ぼくにこう言うのだ。われらの預言者スウェデンボルグはその目で天国を見てきた。そしてその強力な知性を総動員して、自分の言うことも書いていることもすべて完全なる真実であることを証明した、と。し

27　ラルフ・ウォルド・エマーソン（一八〇三〜八二）。アメリカの思想家、詩人。超絶主義者。
28　ウィリアム・ロイド・ギャリソン（一八〇五〜七九）。アメリカの最も有名な奴隷制廃止論者。
29　ジェイムズ・ラッセル・ローウェル（一八一九〜九一）。アメリカの詩人・外交官。
30　ジェイムズ・マーティノー（一八〇五〜一九〇〇）。イギリスのユニテリアン派神学者・哲学者。
31　ジェイムズ・ギボンズ（一八三四〜一九二一）。アメリカのカトリック聖職者。ボルティモアの大司教（一八七七）を経て枢機卿（一八八六）となる。アメリカの反カトリック世論を啓蒙するために著作活動を展開。主著 *The Faith of Our Fathers*（一八七六）。

かし、偉大な生理学者フリント[34]によると、スウェデンボルグは本物の狂人だったという。

こうした論争のまっただなかで災難をこうむるのは実直な異教からの改宗者である。彼の心は、知的宇宙の片方の端からもう片方の端まで投げ飛ばされ、その間、恐ろしく厄介な攻撃にさらされることになる。ぼくはまた、祖母の「異教」信仰の安らぎと落ちつきを思い出した。宗派にとらわれたキリスト教徒たちよ、「中国の一時代よりも、ヨーロッパの一年のほうがいい」などとは言うな。だって諸君はぼくらに安らぎを約束したのに、本当はそんなものはないじゃないか。望みのものが不和や宗教的敵意なら、そんなものは「中国」にもじゅうぶんあったのだから、今さら諸君自家製の新たな不和に巻きこまれるまでもない。

今でもよく憶えているが、ぼくは自分の国にいたときにある宣教師のところに行き、キリスト教にたくさんの宗派があることについて、もしあるとすれば、どんな存在理由があるのか、と尋ねてみたことがある。彼の考えでは、いろいろな宗派が存在するのは本当に幸いなことだという。なぜなら、異なる宗派のあいだに「競争」が生まれ、それによって教会が純化され、神の王国の成長が早まるからだ、と。

ところがその数カ月後、ぼくらが自分たちの新しい教会を設立したとき、向こうにとってあまり好ましくない形で計画が進められたため、まさにその同じ宣教師が、ぼくらの無謀さを厳しく非難して、すでにキリスト教の大義を汚しつつある何百もの宗派に、新たにまた一つ宗派を加えてはならない、と言ったのである。しかし、ぼくらは彼の論理をまったく理解できずにいる。複数の宗派の存在が「本当に幸いなこと」ならば、宗派の数を増やして、さらにその恩恵を受ければいいではないか！　しかし、もしも、ぼくら憐れな改宗者が今もそう考えているように、複数の宗派の存在が災い

32　チャールズ・ダーウィン（一八〇九〜八二）。イギリスの博物学者。進化論を提唱し、生物学・社会科学さらには思想界全体に影響をあたえた。主著『種の起源』*On the Origin of Species by Means of Natural Selection*（一八五九）。

33　ハーバート・スペンサー（一八二〇〜一九〇三）　イギリスの哲学者。進化論の立場に立ち、著書『総合哲学』*The Synthetic Philosophy*（一八六二〜九六）で広範な知識体系としての哲学を構想。哲学的には不可知論の立場に立ちつつ、哲学と科学と宗教との融合を試みた。明治前半期の日本に多大な影響をあたえた。

34　オースティン・フリント（一八一二〜八六）。アメリカの医学者。医科大学を創立。

のもとだというなら、それをやめて、メソジスト主義、長老主義、会衆主義、クエーカー主義、その他、有害か無害かを問わず、全部一つにまとめてしまえばいいではないか。ぼくらは頭の中がこんがらかって、あの宣教師の矛盾した発言を解明できないのである。

三月八日　聖化［聖霊が人間を罪から救い清めること］の重要性をますます感じている。「理想とする純粋さ」は目の前にあるのに、自分はその状態に入ることができない。なんて情けない人間だ、ぼくは！

三月二十二日　人間は神ならぬ有限の身なので、「無限の知恵の礎《いしずえ》」全体の上で暮らすことも、それを占有することもできない。できるのは、この礎の片隅に間借りすることだけである。この片隅にたどり着きさえすれば、心の平静を得ることができる――それほど岩はしっかりしている。だからこそ、さまざまな宗派が存在し、それぞれが成功しているのだ。

「宗派」についてのより人間的で合理的な説明。この考えに到達できたのは、フィリップス・ブルックスのおかげだと思う。

四月五日　復活祭の日曜日　快晴。魂に力をあたえられ、生まれて初めて天国と不滅がちらりと見えた！　ああ、この喜びは計り知れない！　このような聖なる喜びの瞬間は、この世があたえてくれる何十年分もの喜びに匹敵する。ぼくの魂は暗闇の中にあるということをますます感じ、光を求めて一心に祈る。

まさに「復活」の日！　何カ月ものあいだ、ずっと暗闇の中で「魂」と格闘してきたぼくにとって、この啓示と解放は、とても言葉では言いあらわせないほどうれしいものだった。今でもよく憶えている。ぼくは目の前に置かれた彩色された卵を食べた。言葉にならないほどおいしかった。ぼくはその卵の一つ（まだ生の状態で、固ゆでにして彩色される前）に、ぼくの当時の魂の状態を示す説教を読みとったのである。頭の中で発生学の知識を総動員して、その精神的な意味を考えた。そして、自分が今どのような魂の発達段階にあるのか熟考した。「卵割期」か、「桑実胚期《そうじつはい》」か、それとも「孵化期《ふか》」近くまで進んでいるだろうか。もうすぐ殻が割れ、ぼくは翼を広げて空高く舞いあがり、全能の救い主のもとへ達するのだ。ああ、もっと光を！

四月六日　知的障害を持つ子供たちの教育に、さらなる熱意と情熱を傾ける。

この前日、ぼくはそれまで生きてきた中で最もすばらしい人物と出会った。知的障害児を教える不屈の教育者として世界的に有名なジェイムズ・B・リチャーズである。いまは故人となってしまったが、教師になってまもない頃の経験を、いくつか直接彼の口から聞くことができた。その経験は、「父なる神を示す」ことが、最も能力の低い子供たちに対しても実際的に可能だということを、証明していた。ぼくが受けた印象は強烈で、その影響はいつまでも続いた。以来、「慈善」と「教育」は、たんなる「同情」と「福祉」の活動ではなくなった。どちらにも気高い宗教的な目的があることがわかった――唯一の善である神から委ねられた仕事なのだ。ぼくの知的障害児施設での看護人の仕事は、今や神の栄光を授けられた神聖な役目となった。その義務感によって、仕事に含まれるあらゆる奴隷的な要素は消えた。

リチャーズはユニテリアン派だったが、これまでぼくが出会った中でも最高の宣教師の一人だと思う。彼の教師としての並外れた才能はむろんのこと、その人格と同情深さによって、ぼくの三位一体説にとらわれた偏見、つまり正統派信仰や書物などから生じた偏見の多くが取り除かれた。

四月八日　人間の能力に対する最も高度な理解こそが、最も純粋で最も崇高な形のユニテリアン主義の起源なのかもしれない。しかし、人間は自分一人の努力では、精神の可能なかぎりの最高点に到達することはできない。だから人間は、自分の弱い知力に合わせて、キリストを引きずりおろす。

神の概念はキリストの登場までは完全に明らかだ。キリストから先になると誰もがつまずく。ぼくはよくこんなことを考える。キリストがいなかったら、神についての考え方はどんなにか簡単明瞭だったことだろう、と。

キリストはつまずきの石だ。古代ギリシャの異教徒にとっても、現代の日本、中国その他の異教徒にとってもそうなのだ。ユニテリアン派によるキリストの説明は、神秘主義的な東洋人から見るとあまりにも単純すぎるが、三位一体の「理論」もまた同様に信じがたい。誰がこの石をどけてくれるのだろうか？

四月十六日　ファーナルド[35]の『真のキリスト教生活』を読む。

四月十八日　ドラモンド[36]の『精神世界における自然法則』を読み、大いに興味をそそられる。

四月十九日　『黙示録』を読んで、ひじょうに関心を持つ。

　ファーナルドはぼくがいくらかでも真剣に読んだ最初のスウェデンボルグ派の著者だった。その三年ほど前に『天界の秘義』〔スウェデンボルグ著〕をちらりと読んでいたが、ぼくの物質寄りの頭にはあまりにも精神的すぎた。しかし、異国の地で、大きな精神的な問題と格闘しているときには、どんな種類であれ神秘主義は歓迎だった。なぜなら、現実では取り除けないものでも、精神の中では飛び越えることができるからだ。その後ドラモンドを読み、ぼくは科学を精神的にとらえるようになった。

　ファーナルドとドラモンドのおかげで、ぼくは極端に精神的な人間になった。今や、うまく説明できないことは一つも残っていなかった。

　そこでぼくは『黙示録』を手に取った。それまで手をつけずにおいてあった本である。なぜなら、それを読んだ自分が無神論者になるのが怖かったからだ。ぼくは『黙示録』を、天使族のために書かれた本であって、論理的事実を重んじる人間族のために書かれた本ではない、と思っていたのだ。しかし、『黙示録』が人間の精神的な経験を鮮やかに描写したものだとすれば、その中の一節一節を例証するうえで、ぼくにはなんの不自由もなかった。三位一体の裂け目にもそのようにして橋を架けることができるので、無原罪の宿り〔聖母マリアが懐胎の瞬間から原罪を免れていたこと〕もキリストの復活も、わけなく当然のこととして解釈できる。そして創世記と地質学の両立をめぐる恐ろしい戦い――有名な『セルボーンの博物誌』の著者〔ギルバート・ホワイト。一七二〇～一七九三〕を狂気に追いやった戦い――もまた、『天界の秘義』の著者の手にかかれば、太陽の前の九月の霜のように消え去る。

しかし、多くの人とは違い、ぼくはスウェデンボルグを頭のおかしい人だと思ったことはない。ぼくの理解を超えた頭脳の持ち主であり、さまざまな事例についての彼

35　ウッドベリー・メルチャー・ファーナルド（一八一三～七三）。アメリカの聖職者。スウェデンボルグ主義に傾倒。

36　ヘンリー・ドラモンド（一八五一～九七）。スコットランド出身の福音教会派の文筆家・説教者・地質学者・探検家。ダーウィニズムと啓示宗教が矛盾しないことを説いた。

の洞察力はまことにすばらしい。スウェデンボルグから真実のすべてを得ようとする者はつまずくかもしれない。しかし、本当に学ぼうとする者の謙虚さと、キリスト教徒としての崇敬の念をもってスウェデンボルグを読む者は、きっと大いなる幸いを得るだろう。スウェデンボルグの思想に初めて触れたとき、ぼくは極度の精神主義に陥ったが、この非凡な人物がぼくの思考にあたえた影響は、これまでずっと健全なものだった。しかしここは、どのような点でそうなのかを詳細に述べる場所ではない。

五月十四日　エレミヤ書[37]を読む。とても感動する。

五月十六日　エレミヤ書に大いに感動させられる。

五月二十七日　エレミヤ書を読むのは、たいへんためになる。

ぼくの宗教関係の読書は、それまで『キリスト教証拠論』のようなものが多く、聖書そのものを読むことはあまり多くなかった。だから、旧約聖書の預言は未来を語るものが中心であり、それが人類に届けられたのは、ついに人類の救い主があらわれたときに、預言との「偶然の一致」で世界中の人々を驚かすためだ、という考えをぼくは抱いた。

そんなわけで、最初の頃は、旧約聖書の預言書を不可解なものの中に含めていた。預言書に関する本は読んだが、預言書そのものは読んでいなかった。しかし、今、興味半分、恐ろしさ半分で、エレミヤ書をちらりと読んでみたのである。だが、以前、院長はぼくらに、院内ではエレミヤ書を読むことをいっさい認めないと言っていた。そんなことをしたら、病院内のあらゆる悲惨な状況を見て、院内の全員が泣き出すからだ、と。それがどうだ！　なんという書だろう！　とても人間的で、とてもよく理解できる。未来を語るところはとても少なく、今についての戒めがとても多い！　この書全体を通じて、奇跡的な出来事は一つも起こらず、エレミヤは人間のあらゆる強さと弱さを持った人物として描かれている。

「偉大な人々をすべて預言者と呼ぶのは間違っているのか？」とぼくは自問した。そ

37　エルサレムがバビロニア王ネブカドネザルに征服され、ユダヤの民が囚われの身となったことを嘆いている。著者のエレミヤは悲哀の預言者と呼ばれる。

して異教国であるわが国の偉人たちを列挙して、彼らの言葉や行動を比較検討してみた。すると次のような結論に達した。エレミヤに語りかけたのと同じ神が、わが国の人々の何人かにも語りかけたはずだ。エレミヤのときほどはっきりとではないとしても、だ。神はぼくらを、光も導きもないまま、完全に置き去りにしたのではなく、何百年もの長きにわたって、ぼくらを愛し、見守っていた。キリスト教の国々に対してそうしたように。

この考えは、ぼくにはとても表現できないほど精神を高揚させるものだった。外国生まれの信仰を受け入れたことで少し弱まっていた愛国心が、今、百倍の勢いと感動をともなって戻ってきた。ぼくは祖国の地図を見つめ、その上に突っ伏して泣き、祈った。ぼくはロシアをバビロニアに、ロシア皇帝をネブカドネザル王にたとえた。[38]そしてわが祖国を、正義の神を持つことでしか救われぬ無力なユダヤにたとえた。自分の古びた英語の聖書に、ぼくは次のようなことを書きこんだ。

エレミヤ三章一〜五節　誰がこの誘惑に抵抗できるだろうか?

エレミヤ四章一〜十八節　これらは悲しみの言葉だ。ああ、わが祖国よ、わが帝国よ、ユダヤの轍を踏むな。
エレミヤ九章十九〜三十一節［新共同訳では二十五節までしかない］北方のロシアはぼくらにとってカルデア［バビロニアのこと］ではないのか？　などなど。

このときから二年間、ぼくは聖書は預言書以外ほとんど何も読まなかった。その結果、ぼくの宗教的な考え方全体が変わった。友人たちはぼくの信仰について、福音によるキリスト教というより一種のユダヤ教だと言う。だが、そうではない。ぼくはキリストとその使徒たちから自分の魂を救う方法を学んだが、そのいっぽうで、預言者たちから自分の国を救う方法を学んだのだ。

ぼくは八カ月近くにわたって病院に勤務したが、もうそれ以上長いあいだ、自分の内に「疑問」を抱えていられなくなった。どこかで息抜きをする必要があった。院長先生が、君には休息が必要だと言って、働きが弱ったぼくの肝臓のためにアポリナリ

38　幕末から明治初期にかけて、南下政策を進めるロシアは、日本にとって最大の脅威だった。

ス水［胃腸病に効くと考えられていた、ドイツのミネラル・ウォーター］を処方してくれた。院長の実際的な観点からすると、いわゆる精神的な苦悩は、すべてではないにせよ、その多くが消化器官のある種の不調に原因があるという。ぼくは院長の医学的な助言を機に、同国出身の友人が何人かいるニューイングランドに赴いた。土地が変われば何か「幸運な」ことが起こるかもしれないと思ったのだ。窮地に陥るといつも、この異教徒的な「幸運」信仰がひょっこり顔を出した。

ぼくは悲しい気持ちで、病院とそこでできた多くの親友たちに別れを告げた。自分の仕事を途中で放り出すこと、院長先生のお世話になりはじめてからまだまもないというのに計画を変更することを、ぼくは深く後悔した。慈善という「人を愛する」事業は、ぼくの中の「自己愛」の傾向が完全に消えてなくなるまでは、ぼくの仕事ではないことがわかった。身体の治療の前に、魂の治療が必要だ。少なくともぼくの場合はそうだ。そして慈善そのものは、魂の治療には役立たなかった。

しかし、「天使もうらやむ」この仕事を軽視するようなことを、けっして言うつもりはない。それは、この広い世界に並ぶもののない気高い仕事である。異教徒への伝道のほうが気高い仕事だ、と言う人もいる。それはそうかもしれない。なぜなら肉体が衣服以上のものであるように、魂はその衣服である肉体以上のものだからだ。しかし、いまだかつて肉体と魂を切り離した人がいるだろうか、まるでオレンジの皮と中の果肉を切り離すように？　肉体を通して魂に達することなく、誰が魂を救えるだろうか？　「安心して行きなさい。温まりなさい。満腹するまで食べなさい」〔新約聖書「ヤコブの手紙」二章十六節〕と口で言うだけで何一つあたえようとしない聖職者が天国から遠く離れているのは、「健康には代金が必要」の信条に従って肉体を治療する者が天国とは反対側の端にいるのと同じである。ギリシャ語で愛を意味する二つの単語の微妙な違いにこだわるなら、慈善（Philanthropy）とは、Agapanthropy である。[39] ある中国の賢人は「医は仁術（愛の術）」と言った。異教徒の発言ではあるが、ぼくの知るかぎり、福音によるキリスト教は、このことわざに賛同しているようだ。だとすれば、誰が医学と神学を区別できるだろうか？

39　Philia が「愛」「友情」「親愛」、Agape が「神の愛」「キリストの愛」「キリスト教徒同士の愛」を意味する。

第八章　キリスト教国にて——ニューイングランドでの大学生活

ぼくはどうしてもニューイングランドをこの目で見たかった。ぼくが信仰するキリスト教はもとはといえばニューイングランドから来たものであり、その結果として生じたあらゆる内面的葛藤の責任はニューイングランドにあったからだ。ぼくにはニューイングランドに対してある種の要求をする権利があった。だから堂々と自分の身を委ねることにした。

最初にボストンに赴き、そこからアン岬近くの漁業の町へ移ると、そこでニューイングランドのブルーベリーや北部人の生活および行動様式に順応していった。二週間、東マサチューセッツの岩だらけの岬の上でひたすら祈った。大西洋の大波がぼくの惨めさを嘆き、花崗岩の石切場はぼくの心の硬さを象徴していた。いくらか心が静まると、ぼくはボストンに戻った。牛の足跡だらけの名もない通りの一つに、さらに二週間ほど引きこもり、その後、コネティカットの谷に赴いた。

ぼくがそこに行ったのは、ある人に会うためだった。有名な大学の学長で、その人の敬虔さと学識の深さについて、ぼくはアメリカに渡る前にいくつかの著作を通じて知っていたのだ。ぼくら憐れな異教徒にとって、偉大な学識には尊大さがつきものであり、それゆえに近づきがたいもの、という印象がある。D・D（神学博士）とL・D（法学博士）の二つの学位を持つほどの人は、一般庶民のところまで降り、彼らの疑問を解いたり、悲しみを気遣ったりする必要はない。そういう人の頭の中はいつも「進化」とか「エネルギーの保存」といったことでいっぱいなのではないか？その人が、どんな形であれ、ぼくの小さな魂に救いの手をさしのべてくれるのを期待するなんて、ぼくとしてはまったくずうずうしいことだと思っていた。ところが、その人に会えると言われたので、せめて遠くからでもお目にかかれればと思い、行こうと決めたのである。

安物の古い服を着たみすぼらしい格好で、ポケットには銀貨がわずか七ドル、旅行鞄にはギボンの『ローマ史』五巻を入れて、ぼくは大学町に入り、まもなく学長の家の門の前に立った。ある友人が事前にぼくの名前を学長に伝えておいてくれていたので、学長は若い野蛮人が訪ねてくることを知っていた。ぼくは応接室に通されて、そこでぼくの運命が彼の知性とプラトン的な威厳によって圧倒されるのを待った。

静かに！　学長が来る！

おまえの魂を彼の罪なき存在の前に立たせる準備をせよ。彼はおまえの心をすぐに見抜き、本当は何者かを知り、学生として受け入れることを拒むかもしれない。ドアが開いた。そして見よ、その柔和さを！　大柄ながっしりとした体格、ライオンのような、それでいて涙をたたえた瞳、温かい、並外れて強い握手、礼儀正しい歓迎と同情の言葉——なんと姿も心も人も、会う前にぼくが思い描いたのとは全然違っていた。

ぼくはその場で、自分の中に不思議な安らぎを感じた。ぼくは学長がとても快く約束してくれた援助に頼ることにし、その場を辞した。そのときからぼくのキリスト教信仰はまったく新しい方向に向かったのである。

ぼくは無料で大学の寄宿舎の一室をあたえられた。テーブルもなく、椅子もなく、ベッドも、洗濯用のたらいもなかったので、親切な学長は、生活に必要ないくつかのものをぼくのために用意するよう管理人に命じてくれた。その最上階の部屋で暮らしはじめたぼくは、全能の神が目の前に姿をあらわすまで、絶対にここから動くまいと堅く決意した。このように目標がはっきりしていたので、住み心地の悪さなどはまったく気にならなかった。前の住人は絨毯をはがして持っていってしまった。そして、新しい住人は新しい絨毯を敷くことができなかった。しかし、学長が支給してくれたテーブルは引き出しが壊れているものの、四本の脚はしっかりしていたので、じゅうぶん使えた。古い安楽椅子も脚が一本破損していて、事実上三本脚だったが、自分の身体でバランスをとれば、きわめて快適に腰かけて勉強することができた。ベッドの枠組みは木製で、よいものだったが、キーキー音がした。ベッドカバーは何匹かの学名キメクス・レクトゥラリウス、通称トコジラミの生きた標本のすみかになっていた。最も単純な構造の灯油ランプを自分で調達した。あとは小さな洗面器が一つ。以上がぼくの調度品のすべてだった。それからペンとインクと紙と、祈る心があれば、すべて事足りた。

　こうしてぼくのニューイングランドでの大学生活が始まった。アメリカ人、イギリス人の読者には、ここで大学生活について詳細に書く必要はないだろう。すべての学生が記憶している、いろいろな楽しいこと、おもしろいことを、ぼくも経験した。どの教授にも好感が持てた。ドイツ語の教授はそれまでに会った誰よりも愉快な人だった。ぼくはその教授といっしょにゲーテの『ファウスト』を読んだ。教授のおかげで、ひじょうにおもしろく読むことができた。そこには教授自身の哀愁が少し加えられていた。ぼくはその悲劇を読んで、天からの雷に打たれたような衝撃を受けた。それは「この世の聖書」であり、今でも聖書の次によく参照する書である。

歴史学の教授は本物の紳士だった。どのようにして過去を公平に判断し、また過去とともに現在をも公平に判断するかを教えてくれた。講義は、宗教についてはめったに語らず、主に「人類の進歩」を論じるものだったが、ぼくにとってはまさに神学の授業だった。

聖書解釈の教授は、ぼくに旧約聖書の歴史と有神論の特別講義をしてくれた。この親切な老博士は、親身になってぼくの面倒を見てくれた。彼のクラスの学生はぼく一人だったので、三学期間連続で、二人で定期的に討論会を開いた。彼はぼくの中にある儒教やその他の優れた異教信仰を探り出し、それらを聖書の基準に照らして検討した。

哲学に関しては、ぼくは完全に落第だった。ぼくの演繹的な東洋の思考は、厳密で帰納的な認知、概念形成その他もろもろのプロセスとはまったく相容れなかった。そういったものは、まったく区別する必要のない自明の事実、あるいは、同じ一つのものに異なるいろいろな名前をつけているだけのように見えた。だから、哲学者というのはそうやって暇つぶしをしているようにしか思えなかったのである。真理を究めようとするとき、論理よりも自分の観察に頼るぼくら東洋人にとっては、ぼくがニューイングランドの大学で教えられたような哲学は、自分の疑問や精神的幻想を払拭するのには、あまり役に立たない。ユニテリアンその他の知性派の宣教師たちは、東洋人は知的な人々だから、知的な側面からキリスト教に改宗させなければならない、と考えていたが、思うに、これほど大きな間違いはなかった。ぼくらは詩人であって科学者ではない。三段論法の迷路は、ぼくらが真理にたどりつく道ではないのだ。ユダヤの人々は「度重なる啓示」によって真の神を知るに至ったと言われている。アジア人はみんなそうなのだと、ぼくは思う。

だからぼくは哲学より地質学や鉱物学のほうが好きだった。学科そのものが好きというだけでなく、それが人知を超える神の平和［新約聖書「フィリピの信徒への手紙」四章七節］を知るのに役立つと思ったのだ。結晶学はぼくにとってそれ自体が説教だった。黄玉《トパーズ》や紫水晶《アメジスト》の面角の測定は、ぼくにとって本当の精神的な娯楽だった。そしてこの分野の教授は、人間として最高の人だった。通りで拾った一個の石ころについて何時間でも語ることができた。その間、ロジャーやウィットマーシュやその他の同級生たちは講義室の隅のほうで気持ちよさそうに昼寝をしていた。創世記と地質学をどのようにして両立させるのか、ということは教授には一度も質問しなかった。教授の頭には、そのような事柄が入りこむ余地はないとわかっていたからだ。もうそれ以上は無理というくらい、石と鉱物と化石と足跡でいっぱいだったのだ。

しかし、尊敬すべき学長その人ほどぼくに影響をあたえ、ぼくを変えた人はいない。礼拝堂で学長が立ちあがり、賛美歌の歌詞を読みあげ、聖書の一節を読み、祈るだけでじゅうぶんだった。ぼくは一度も礼拝を「サボった」ことがない。つまり自分の意志で欠席したことはない。その尊い人の姿を一目見るというただそれだけのために毎回出席した。学長は神を信じ、聖書を信じ、すべてを達成する祈りの力を信じていた。この心清らかな人が祈りを捧げているときに、何も知らずにラテン語の勉強などしていた同級生たちは、天国に行ってから自分の行いを後悔するだろう。学長のよく響く澄んだ声を聞くだけで、ぼくはその日の戦いに備えることができた。神はわれらの父であり、われらが彼を愛するよりも熱烈な愛でわれらを愛しているということ。神の祝福は世界にあまねく行き渡っているから、ただ心を開きさえすれば、神の満ちあふれる豊かさが「流れこんでくる」ということ。われらの本当の過ちは、われらを清くすることができるのは神自身しかいないのに、自ら清くなろうとする努力そのものにあるということ。自己を愛するとはじつは自己を嫌うことだ、なぜなら本当に自己を愛するためにはまず自己を嫌って他者のために自己を差し出すべきだから、ということ。などなど。

これらをはじめとするさまざまな貴重な教訓を、学長先生はその言葉と行動によってぼくに教えてくれた。白状すると、この人と接するようになってから、ぼくを圧倒していた悪魔の力が弱まりはじめたのである。ぼくがもともと抱えていた罪や、そこから派生した罪が、しだいに祓い清められていった。大学生活が二年を過ぎた頃だったと思うが（ぼくは三年生になっていた）、自分が天に向かう道にいることを悟った。つまずくことがなくなったわけではない。依然としていつもつまずいてばかりだった。そうではなく、ぼくは主が慈悲深いことを知り、その息子を介してぼくの罪をぬぐい去ってくれたことを知ったからである。その息子のおかげで、ぼくは永遠の愛から遠ざかることはない。ぼくのその後の日記を読めば、それが事実だとわかるだろう。

大学生活が始まってまもなく、ぼくは学長に連れられてある大きな伝道集会に参加した。じっさい、このような集会ほどキリスト教国のキリスト教的側面を示すものはない。異教国にはそのようなものはない。他国の人々の魂などにはまったく関心がないからだ。

三つか四つあるホールに一万人の聡明な男女が押しよせ、どうすれば他国の人々に福音のすばらしさを体験させることができるか、という話に耳を傾ける。この事実だけでもじゅうぶん感動的だ。かりに多くの人は見せ物《ショー》を観にくるだけで、また他の多くの人がその見せ物になるために来ているようなものだとしても、異教徒の中での伝道活動がこの人々にとっては見せ物になるほどの価値があるという事実は依然として明らかだ。そしてそれが、あらゆる宗教的見せ物の中で最も崇高で、最も神聖な見せ物であることは疑いない。

しかし、この伝道ショーには、この国で最も強靭かつ冷静な頭脳の持ち主たちが参加している。ショーをきわめて真剣にとらえている男女がステージに登場する。額に傷やしわが刻まれた彼らは、アフリカの部族民との道徳的闘争について語るのである。

こうなるとショーはショーであることをやめ、ぼくらもそれによって燃えあがるのだ。異教国であるわが国の人には、キリスト教国でそのような機会があったら、ぜひこうした伝道ショーに参加することをお勧めする。参加して後悔することはないと、請け合ってもいい。このショーはあらゆる点で観る価値がある。ショーを観れば、キリスト教国の偉大さの理由がわかると同時に、自国の卑小さの理由もわかるかもしれない。そうすれば、「キリスト教徒の残虐さ」を喧伝するのをやめるかもしれない。いや本当にあの伝道ショーというのはじつに感動的だ。

しかし、こういうショーで最悪の貧乏くじを引くのは、たまたま参加していた異教からの改宗者の見本たちである。彼らはかならず利用される。サーカスで飼いならされたサイが利用されるのと同じだ。見せ物として引っ張り出されるのだ。そして、なんとすばらしい見せ物だろう！ つい最近まで木や石の前でお辞儀をしていたのに、今ではここにいるおぜいの白人たちと同じ神を信じている！

「どのようにして改宗したのか、ちょっと話してくれ」と求められる。「でも十五分で頼む。それ以上はだめだ。神学博士の何々大先生から伝道の方法と手段と理論的根拠についてお話を聞くことになっているのでね」。飼いならされたサイは、生きた実例である。黒板の説明図ではなく、本物の伝道の現場からやってきた本物の見本なのだ。見せ物にされ、かわいがられることを好むサイは、喜んで人々の命令に従い、ひどくぎこちないながらも、自分がどのようにして動物であることをやめ、人間のように生きるようになったかを語るのだ。

しかし、そのように利用されることを好まないサイもいる。人前で見せ物にされて心の平和を奪われたくないのである。自分がどれほどの紆余曲折と苦難を経てサイの生活を捨てることになったのか、どうせ誰にも理解できないのだから。放っておいてもらいたい。そして、人目の届かない神の緑の野原を静かに歩きたいのだ。しかし、たいていの場合、そんなサイはサーカスでは嫌われる。だからサーカスの人々は、ときどき、この特別の目的のために、扱いやすい見本をインドのジャングルから連れてくる（たいていはとても若い）。そして、国中のあちらこちらに連れていき、日曜学校の子供たちに見せたり、説教壇に立たせてサイの歌を歌わせたり、といったようなことをして、人々の布教活動への関心を高めようとするのだ。

そこでぼくは、生まれ変わったサイの立場から、伝道サーカスの興行師たちに、このことについてもっと思いやりを持つようにと忠告したい。彼らはいっぽうでは、飼いならされたサイを甘やかし、飼いならされていないサイにも飼いならされているふりをさせる。なぜならそれがサイの身体にとってよい環境を整えるための、考えられる最も簡単な方法だとみなされているからだ。しかし同時に、そうやって自分の仕事に関心を持ってもらおうとすることで、キリスト教の伝道とは本当はどのようなものか、ということについて、人々に誤った理解を広めているように思える。パウロやバルナバ[1]がテトス[2]やテモテ[3]をエルサレムに連れてきたのは、彼らに異邦人の歌を歌わせたり、どのようにして偶像を火に投げいれ、福音にすがるようになったかを、兄弟たちの前で、奇妙で不思議な方法で語らせたりするためだった、などとは聖書のどこにも書いていない。聖書にはこう書いてある。偉大なる使徒は、異邦人たちの主義主張

1　一世紀中頃の初代キリスト教伝道者。キプロス島出身のユダヤ人。本名ヨセフ。バルナバとは「慰めの子」という意味のあだ名。パウロの第一回伝道旅行に同行。

2　パウロの書簡や『使徒言行録』によって知られる異教徒出身のキリスト教徒。聖人。使徒パウロの献身的な協力者。

3　新約聖書に登場する使徒パウロの弟子。殉教者。聖人。父は異教徒、母はキリスト教徒のユダヤ人。パウロの第二回伝道旅行に同行。

を全力で支持し、神の民に向かって、諸君は神を持たない異邦人と大して変わりはない、どちらも罪を責められ、神の栄光には届かない、と語った、と。

こうしたことから、ぼくは次のように結論する。パウロにとって、そしてパウロのような心の持ち主にとって、異教徒であることは、おもしろがることではなく、「憐れむ」ことでさえなく、理解し、自分のこととして受けとめ、したがって、精一杯の敬意とキリスト教徒としての思いやりをもって扱うべきことだったのだ。

民族衣装を着たインド人の若者に母国語のパーリ語で賛美歌を歌わせて集めた寄付金には、あまり価値があるとは思えない。飼いならされたオランウータンを見せ物にして集めた金と大差ない。人々の独善的な優越感に訴え、彼らが異教徒よりも優れていることを示し、「国内のキリスト教徒」に「異教徒を憐れむ」ように促す。そんなものを伝道と呼んではいけない。最も優れた宣教師は、つねに伝道地の人々の主義主張と尊厳を守ろうとする。そして、いわゆるキリスト教徒の民衆の前で偶像崇拝やその他の堕落を見せることについては、その国の愛国者同様、慎重なのである。

じっさい、伝道の大義名分を擁護するには異教徒の暗愚をキリスト教徒の光明と対比して見せるしかないと思いこんでいるらしい人々もいる。だからそういう人々は、異教徒を真っ黒い四角、プロテスタントのキリスト教徒を白い四角であらわす図を描く。伝道のための雑誌、評論、新聞はどれも、異教徒たちの不道徳、堕落、野蛮な迷信に関する話であふれ、彼らの高潔さ、清らかさ、キリストを思わせるような性格などについての記述はほとんど紙面に出てこない。

ぼくらは何度も経験していることだが、ちょっと残念なことに、ぼくらが伝道集会で話をしても、賞賛の言葉は聞こえてこなかった。なぜなら、ぼくらの国民性の優れた部分について多く語り、異教徒的な面にはあまり触れなかったからである。「そんなに優れた国民なら、宣教師なんか送らなくてもいいじゃないか」と言われた。「友よ、そういうことではないのだよ」とぼくらは答えたものである。「そういう高潔な人々こそが、誰よりもキリスト教を熱く求めているのだ」。じっさい、ぼくら異教徒がテナガザルやチンパンジーよりちょっとましな程度の人間だとしたら、キリスト教徒たちは伝道に完全に失敗してあきらめるだろう。ぼくらは善と悪について、真と偽について、少しはわかっているからこそ、キリストの十字架のもとに喜んで連れてこられたのである。たんなる「異教徒への憐れみ」程度の動機によるキリスト教伝道は完全に支持を失うだろうし、それが支持を失ったとしても宣教師を送る側も送られる側も大した損害はこうむらないだろうと、ぼくは心から信じている。

三月一日　神がぼくらに贈り物をくださるとき、それは実体のあるものなものだ。他者の意見によって支持されるただの仮説でもなく、想像の産物であるただの幻想でもなく、世間の風に吹かれても揺るがない、真の実体だ。

三月八日　ぼくの人生でとても重要な日。きょうほどキリストの贖罪の力をまざまざと見せつけられた日はなかった。神の子の十字架上の死には、これまでぼくの心を翻弄してきたあらゆる困難の解決策がある。ぼくの負債をすべて支払ってくれたキリストは、ぼくを堕落する前の清らかで罪のない最初の人間に戻すことができる。今やぼくは神の子だ。ぼくの使命はイエスを信じることにある。神は神自身のために、ぼくの望むものをすべてあたえてくれるだろう。神は神の栄光のためにぼくを利用し、ついに天国でぼくを救ってくださるだろう。

「哲学的」な傾向のある人々は、先の一節を読んで、軽蔑とまではいかないまでも、ある種の「憐れみ」を感じるかもしれない。新たな科学が出現したこの世界では、今ャルター、クロムウェル、バニヤン[4]の宗教は、「過去の伝統」となった。死んでしまった救い主キリストへの信仰が人に命をあたえるなどというのは「理性に反する」と、諸君は言うだろう。ならば諸君と議論はしない。おそらく諸君は、「全能の神の前の理性ある魂」のようなものを、あまり考えたことがないだろう。諸君の野心はこの人生という短い生存期間の向こうまでは及ばないかもしれない。諸君の全能の審判者は神ではなくあの因習的な「社会」と呼ばれるものであり、その社会から「よし」と言われれば、必要な平安はすっかり手に入るのかもしれない。そう、十字架にかけられた救い主を必要としているのは、永遠を望み、宇宙の魂によって心の奥を裁かれる人々だけである。そのような人々にとって、ルターやクロムウェルやバニヤンの宗教は、過去の伝統などではなく、真理の中の真理なのだ。

4 ジョン・バニヤン（一六二八〜八八）。イギリスの説教者・宗教文学者。家業の鋳掛け屋を継ぎ、一六四四年のピューリタン革命では議会側に立って戦った。妻の影響で信仰の道に入り、説教者として名をなした。

十字架にかけられた神の子をついに理解した後、いろいろと良いときもあれば悪いときもあったが、それをくどくどと述べて読者を煩わせるつもりはない。悪いときもあるにはあったが、良いときのほうが多かった。「一つのこと」がぼくの注意を釘づけにした。そして「それ」によってぼくの魂全体が支配された。昼も夜もそのことを考えた。石炭を入れたバケツを地下室から最上階の自分の部屋に運び上げるあいだも、キリスト、聖書、三位一体、復活、その他の同種の問題を黙想していた。あるとき、途中の階で二つのバケツ（身体のバランスをとるために二つ運んでいた）を床に置き、それからいきなり感謝の祈りを唱えたことがある。「石炭の山」からそこまでのぼってくる途中で、三位一体についての新たな解釈が天から降ってきたのだ。

休暇が始まり、無上の幸福が訪れた。学生たちはみんなママに会うために実家に帰り、大学の丘の住人はぼく一人になって、ぼくのママである優しき神の魂とともに過ごすことになった。いつもはスポーツのクラス対抗戦の応援のエールやその他異教徒的な騒音が響いていた丘は今、正真正銘のシオンの丘に変わっていた。サタンがぼくを一人きりにするたびに、ぼくは海の彼方の愛する祖国、幸いなるわが国を思い描き、そのあちらこちらに教会やキリスト教の大学を建ててみた。もちろん、ぼくの想像の中だけの話だ。そのような希望に満ちた考えが思い浮かぶと、ぼくはいつもわが国同胞へのメッセージとしてそれを心にとめておいた。それどころか、ぼくの余暇は、帝国とその国民への思いにすっかり奪われていた。

五月二十六日　この世には悪よりも善のほうがずっと多いという考えにとても感動する。鳥、花、太陽、空気――なんと美しく、明るく、穏やかなのだろう！　それでも人はいつも悪について不平を言っている。世界が楽園になるために必要なものはただ一つ。それはイエス・キリストの宗教だ。

　ぼくは本当の楽観主義者になりつつある。ニューイングランドの厳しい冬を、暖をとるストーブなしで過ごした直後のことで、しかも学費をきちんと払えるかどうかもまだわからなかったのに！

六月三日　予定説[5]の教義を学び、その重要性に強い感銘を受ける。喜びに心が躍る。誘惑の魔手は追い払われたようだ。ぼくの心の気高い資質のすべてが熱い感動に包ま

れる。ぼくが神に選ばれた者の一人で、天地創造の前から神を継ぐ者として予定されていたのだとしたら、恐怖などどこにあろうか、誘惑者の魔力などどこにあろうか！
以前はぼくにとって最大の障害となっていた教義が、今やぼくの信仰の礎となった。そして、この教義はまさにそうした目的のために宣言されたのだとぼくは信じている。選ばれることを真剣に願い、神を喜ばせるために最善を尽くす人々は、きっと選ばれるはずだとぼくは信じている。選ばれない人々はふつうこの問題で頭を悩ませたりはしない。

六月五日　ああ、すべてのキリスト教徒を謙虚にさせる考え方！　選ばれた者の一人になるとは、ぼくはなんという価値をあたえられたのだろう！　それでもまだ、自分が日々罪を犯していると思わなくてはならない！
「うらやましい妄想だ！」と哲学者の友人は言うだろう。しかし、諸君が想像するほど、うらやむべきものではない。神に選ばれた者の運命はこの地上で最も悲惨なものであり、もし勧められたら、諸君は断るだろう。日々己を捨てること、それが選ばれるということだ。どうだい、哲学者の友よ？

六月十五日　魂の救済はぼくの境遇や世俗的な富とはまったく無関係だ。たとえ黄金に「首まで浸かった」としても、ぼくの魂はなんの影響も受けないままだろう。どんなに厳しい苦行を積んでも、ぼくの魂はあいかわらず飢えた獣のようであり、自己の献身を自慢することだろう。神の魂が直接ぼくの心に触れなければ、いかなる回心もありえない。なんと心慰められる考えだろう！　ぼくが貧しさを嘆くのは、貧しさによって肉体が苦しむからだ。ぼくが豊かさを恐れるのは、魂の救済が危うくなるからだ。しかしそれは違う！　救済は神が行うことであり、いかなる人も物も境遇も、ぼくからそれを奪うことはできない。それは山そのものよりも確かなことである。

　これは言うなればぼくの「ローマの信徒への手紙」八章三十八、三十九節[6]だ。がっかりするな、貧しき者たちよ。神の恵みは諸君にじゅうぶんあたえられるのだから。恐れるな、富める者たちよ。神はラクダでさえ針の穴に通すことができるのだから。

5　人が神に救われるか滅びるかは、人間の行為や努力に関係なく、すでに定められているとするキリスト教の教義。

七月三十一日　昨夜はものすごい雷雨だった。ちょうどそのとき、ぼくは永遠の命について深く考え、自分のいくつかの弱点と戦っていた。突然、稲妻と雷鳴がこれらの「肉の要素」[7]をぼくの心から一掃し、気がつくと、自分が雷に打たれて、安らかに横たわっているところを夢見ていた。ぼくは生まれて初めて轟く雷雨を楽しんだ。ぼくは雷が嫌いで、いつも頭上で雷鳴が轟くと、ついに終わりが来たと思っていた。異教徒だった頃、ぼくはありとあらゆる守り神に助けを乞い、その神々のために線香を焚き、「天の怒り」から逃れる最も安全な場所とされる蚊帳《かや》の中に避難した。キリスト教徒になってからも、雲の中で「神がほえる」と、ぼくの信仰は最も厳しく試された。しかし今では神の恵みによって、ぼくは雷に耐えられるようになった。十字架にかけられたイエスの啓示を受け、あらゆる種類の恐怖がぼくの心から取り除かれたからだ。ぼくは心の中で言った。「雷よ、ぼくを打つがいい。ぼくは安全なのだから」

八月十六日　ああ、イエスのうちにあるなんという喜びと安らぎ、寂しさのうちにある喜び、孤独のうちにある喜び、そしてまた罪深さのうちにある喜び。わが魂よ、こ

の尊い真理を固守し、そしてそれに一心に注意を向けよ！

　ぼくを批判する人たちは「たんなる修辞的な対比だ」と言うだろう。しかし、そうではないのだ、構文にこだわる友よ。ぼくらキリスト教徒は自分たちの罪深さを本当に喜ぶのだ。アダムにおける人類の堕落ほど人類を向上させるのに役立ったものはない、と言ったのは哲学者ライプニッツ[8]である。罪はぼくらが神の息子を通じて神のもとへ昇るための手段なのだ。そしてたいていの場合、マルクス・アウレリウス[9]のようなタイプの男女にはけっして到達できない高さまで昇ることができる。

6　「わたしは確信しています。死も、命も、天使も、支配するものも、現在のものも、未来のものも、力あるものも、高い所にいるものも、低い所にいるものも、他のどんな被造物も、わたしたちの主キリスト・イエスによって示された神の愛から、わたしたちを引き離すことはできないのです」

7　新約聖書「ガラテヤの信徒への手紙」五章十九節以下。「肉の業は明らかです。それは、姦淫、わいせつ、好色、偶像礼拝、魔術、敵意、争い、そねみ、怒り、利己心、不和、仲間争い、ねたみ、泥酔、酒宴、その他このたぐいのものです。以前言っておいたように、ここでも前もって言いますが、このようなことを行う者は、神の国を受け継ぐことはできません」

九月十三日　静かで美しい夕べ。ちょうど夕食に出かけようとしていると、ぼくが肉に死んでいるとき[10]、悪魔はぼくを攻撃できない、という考えが浮かんだ。この「罪に死ぬこと」[11]は、自分の罪深い心を覗きこむのではなく、十字架にかけられたイエスを見上げることによって成し遂げることができる。ぼくを愛してくださったイエスを通して、ぼくは輝かしい勝利を収めることができる。この斬新な考えにぼくは大いに元気づけられ、一日の重荷をすべてすっかり忘れた。ぼくの心は感謝の気持ちで満たされ、この日の記念に、主と晩餐を共にしようと思った。そこで、一房の野ブドウから少量の果汁を搾り、磁器の小皿に注いだ。それからパンも少し切った。それらをきれいに洗ったハンカチの上に置き、その前に座った。感謝と祈りを捧げた後、とてもありがたい気持ちで主の身体と血をいただいた。このうえなく清められる。生きているあいだは何度もこれをくりかえさなければならない。

「冒瀆だ！　聖餐式のまねごとをしている」と教会主義、ローマ・カトリック主義の人々は言うだろう。しかし、なぜローマ教皇やその仲間の聖職者たちは、この正餐式の問題では反発し、自分と同じ人間であるぼくらに対して、主の死を本当に思いおこしたいときに思いおこす特権を認めようとしないのか。もし教皇にこの儀式を認可する独占的な権限などなく、神の代理人としての権限がたんなる想像の産物なら、諸君には「使徒継承権」を裏づけるどんな権威があるというのか？

洗礼を受けたキリスト教徒として福音派の教会に属しているという日本人を知っているが、彼は、どのような権限を持った高位聖職者によって洗礼を受けたのかと問われて、「天だ」と答えた。じつは、ある夏の午後、彼は己の罪を深く確信し、十字架にかけられたイエスのうちに赦しを見いだしたのである。あまりにも厳粛な出来事なので、洗礼を受けずにすませるわけにはいかないと思った。しかし、自宅から四十キロ以内には資格を持つ牧師が見つからなかった。しかし、ちょうどそのとき、彼の住

8 ゴットフリート・ヴィルヘルム・ライプニッツ（一六四六〜一七一六）。ドイツの哲学者・数学者。歴史学、法学、神学などの分野でも重要な業績を残し、政治家や外交官としても活躍。

9 ローマ皇帝。一二一〜一八〇（即位一六一年）。キリスト教徒を迫害した。

10 信仰によって肉の要素から解放され、生まれ変わること。

11 信仰によって肉の罪から解放されること。

む地域にこのうえなくさわやかな夏の夕立が降りはじめた。彼は天そのものが自分を聖なる儀式に招いているのだと考えた。そこで急いで雨の中に飛びこみ、敬虔な態度で「天の水」によって全身をずぶ濡れにさせた。この方法で良心が満足するのを感じたので、以来彼は、偶像を崇拝する同胞に対して、自分はキリストの弟子だと告白するようになった。

ぼくは他の人々が敬虔な気持ちで正餐のパンと金色の杯に向かうのを邪魔したりはしないいし、こういう事柄について自分の好きでやることを他人に邪魔されたくはない。すべての核心は神自身であり、人々が神を自分のものにしようとする方法はさまざまだ。本質的ではない事柄については、自由にやらせてもらいたい！

十一月二十四日　感謝祭の休暇が始まる。よく眠り、大いに元気を回復する。朝起きると、部屋のドアの外に、おいしそうな赤いリンゴが盛られたしゃれた三角形のかごが置かれていた。思いがけないことだった。どこかの親切な友人がぼくの孤独な魂を慰めるためにそこに置いていってくれたのだろう。なんという心優しさ！　わが魂よ、この経験を忘れるな！　このような行為が、たとえ小さなものであっても、百ドルの贈り物よりも人の胸を打つのだ。その日一日、ぼくはどれほど慰めを感じたことだろう。名も知らぬ誰かが、ぼくのことを思い、ぼくに関心を持ってくれていることがわかったのだ！ ぼくは頭《こうべ》を垂れ、感謝の祈りを捧げた。ありがたくて涙がこぼれた。今もまだぼくに名前を教えてくれないその誰かに、神の恵みの上にさらに恵みを！

十一月二十六日 デイヴィッド・ブレイナード[12]の墓を訪ねる。

十一月二十八日 デイヴィッド・ブレイナードの伝記を読む。彼の日記を読むと、まるで自分の日記を読んでいる気分になった。「私のあらゆる困難を深刻なものにしているのは、神がその顔を私から隠していることである」という一節まで来ると、ぼくは泣かずにいられなかった。しかし、内外両面の苦しみによって神の試練を受けているのは自分だけではないと考えると、たいへん慰められた。彼のような恵みと試練を受けた魂と、ぜひとも天国で楽しく語り合いたいと思った。

12 アメリカの伝道師。一七一八～四七。アメリカ先住民への布教に力を注いだ。

十二月四日　朝の学長のクラスで、ぼくは自分がどのようにしてキリスト教を真理として信じるようになったかについて語った。そして、クラスの同級生たちの前で、正直かつ率直に、ぼくがどのようにして「道徳的分裂」の和解をキリストのうちにのみ見いだすようになったかを述べ、最後にルターの「そうするしかないのです。神よ、助けたまえ」という言葉で締めくくった。じっさい、神は助けてくれた。ぼくはその日一日、自分が誠実かつ良心的なことをしたのだと感じた。わが魂よ、おまえは神がおまえにしたことの「証人」にすぎないことを知れ。おまえのわずかな知性が頭の中に作りあげた事柄を世に公言してはならぬ。主を信頼し、主の正義を通じて救われよ。

われらの学長先生は、真のキリスト教徒がみなそうであるように、深い敬意をもって「異教からの改宗者」を見ていた（これはぼく自身の経験から言えることだ）。学長先生が話してくれたところによれば、一八五九年というからかなり前のことだが、ぼくの同国人のキリスト教徒が学長の家で一夜を過ごした。そのとき学長は「異邦人が福音を聞いた」という事実の厳粛さに打ちのめされ、一晩中眠れなかったという。ぼくらのような異教からの改宗者をかいかぶっているのではないかと心配さえした。

ぼくがキリスト教徒だからという理由だけで援助を申し出られるなら、それはなんとしてもお断りしなければなりません、と正直に言ったほどである。しかしぼくはいつも、学長のクラスや祈禱会で、なんであれ喜んで学長の役に立ちたいと思っていた。学長がぼくを飼いならされたサイの見本のように利用することはないとわかっていたからだ。その朝ぼくは、自分がどのようにして、親の影響を受けたわけでもないのに、キリスト教を信仰として受け入れるようになったかを語るつもりだった。そして率直に語った。語り終えて、気分がよくなった。

十二月五日　神の摂理はわが国の国民のうちにもあるはずだという考えに感動する。すべてのよき賜物《たまもの》が神からのものだとすれば、わが国の国民の賞賛に値する性質のいくつかもまた、高きところから来たものにちがいない。ぼくらはぼくら特有の賜物と恵みを用いて神と世界に仕えようと努めなければならない。神は、二千年におよぶ鍛錬によって獲得されたぼくらの国民性がすべて欧米の思想に取って代わられることを望んでいない。キリスト教のすばらしさは、神がそれぞれの国にあたえた独特の性質を尊重できるところだ。日＊＊は神の国であるという考えは、喜ばしく、励みになる。

十二月二十三日　学費の支払い方法について大いに悩む。

読者の中にはぼくがこの時期ずっとどうやって生計を立てていたのか知りたいと思う人がいるかもしれない。いろいろである。ペンシルヴェニアで稼いだお金に加えて、つたないながらもちょっとした物語を書いていたので、大学生活の一年目のほとんどは快適に暮らすことができた。聖書解釈の教授だった親愛なるF博士は、ぼくのポケットに百ドルを入れて、自分の友人の一人からだと言い、困ったときにはいつでも「また来なさい」と言ってくれたことがある。お恥ずかしい話だが、飼いならされたサイとして五回か六回ほど人前に出たこともある。それでいくらかもらったが、多くはなかった。

ここでキリスト教国アメリカに敬意を表して言わせてもらうなら、異教からの改宗者で、母国の同胞に福音を伝える牧師になろうと申し出る者は、この国では、身の回りの必需品、つまり快適さについてはまったく困らない。しかし、ここに偽善が忍びこむ。トルコ人、ギリシャ人、アルメニア人、インド人、ブラジル人、中国人、日本人の中には、本当は神よりも自分の腹を愛する者がいて、飼いならされたサイのふりをして、狡猾にもアメリカのキリスト教徒の親切心を食いものにしている。本国の教会はときおり、伝道地の宣教師たちから「相手かまわずの慈善《チャリティ》」を戒められる。滞在中、教会から住まいと教育をあたえられた改宗者たちは、自分の国に帰る途中で福音を海に投げ捨て、政府の仕事やその他の悪魔の仕事に就き、ひどいときには異教徒の同胞の前でキリスト教国を中傷することもあるというのだ。

良心的な改宗者はみんな、そんな嫌疑をかけられたくないと思っている。しかし、それよりもっとひどい嫌疑をかけられることもある。国に帰った改宗者は、キリスト教国で慈善によって学んだ福音を説く。同胞たちは彼や彼の福音について何と言うだろう？　なんだ、と彼らは言う。「福音とやらは金になるらしい」そして彼と福音を罵倒する。憐れな改宗者よ！　彼が同胞をキリストのものとして獲得するためには、いろいろなものを犠牲にして獲得したキリスト教的な慈善そのものを犠牲にしなければならないのだ。

そんなわけで、自立は、控えめに言っても、賢明なことである。だからぼくはできるだけ自立を貫こうと決意した。第一に、生活費を最低限にまで切りつめ、食事と日用品で足りない栄養と快適さはすべて新鮮な空気と神の魂で補おうとした。大学生活の最初の十八カ月は、物事はほぼ計算どおりに運んだ。しかし、ニューイングランドで二回目のクリスマスを迎えようとするこのとき、ぼくは紙幣《グリーンバック》も、「われらは神を信じる」という文言が刻まれた硬貨も、久しく目にしていなかったのである。文字どおりの天の恵みを求めてひたすら祈ったが、恵みは降ってこなかった。

ぼくは親愛なるF博士の言葉を思い出した！　ぼくはふたたび祈り、決心すると、雪と湿地の茂みをかきわけて博士の家に向かった。その夜の道のりは、わずか数百メートルだったにもかかわらず、なんとも長く感じられた！　やっと博士の家の前に着くと、彼の書斎の明かりを見つめた。中に入って援助を求めようか？　十分間、雪の中に立って考えをめぐらした。同胞から、おまえは信仰で食いつないでいたと言われたらどうする？　ぼくの心はくじけた。それ以上前に進めなかった。「待て」やっと自分に言い聞かせ、ひとり寂しく自室に引き返した。今や大学の丘で唯一明かりが灯る部屋だった。どっちがいいかよく考えた。その結果、同胞と他の国の人々の両方から誤解されるくらいなら空腹をこらえたほうがましだということがわかった――福音のためには。

一八八七年一月五日　晩、F博士を訪ね、いくらかの金銭的援助を求める。それは本当に火に焼かれるような試練だった。ぼくはほとんど自分を抑えられなかった。しかし博士はとても優しく、いくらか用立てようと約束してくれた。

ぼくはその試練を先延ばしにしていた。そして、困窮をクリスマス休暇中に自分の力で取り除こうとした。じつは、必要に迫られ、一回か二回、飼いならされたサイとして、田舎の教会で見せ物になったのである。しかし、それでもかなりの不足が残った。ぼくは、アメリカのキリスト教に負担してもらうか、それとも寄宿舎のおばさんから借金をしたままにするかで悩んだ。おばさんは最近寡婦になったばかりの心根の優しい婦人だった。そうして進退きわまっているとき、神が救いの手をさしのべてくれた。それは、ぼくが期待したような食べられるマナ[13]という形ではなく、一つの考えの形でさしのべられた。以来それはぼくにとってこのうえなく貴重なものとなっている。そろそろ眠くなる時間のことだった。ある古雑誌を取りあげてみると、アメリカでひじょうに人気の高い詩人、アデレード・A・プロクター[14]による次の詩が目にと

13　旧約聖書の出エジプト記でイスラエル人が神から授けられた食物。

まった。

愛のために、惜しみない誠実な意志で
あたえることのできる人は偉大だと思う。
けれども深い愛のために、何かを受けとる人は
もっと心の広い人だとみなそうと思う。

この詩に力づけられたぼくは、ふたたび勇気をふりしぼって博士のところへ行き、震えながらも悩みを打ちあけ、そうして火の試練を切り抜けたのである。数日後、博士は約束を果たしてくれた。そのときぼくと博士は町の郵便局の前で待ち合わせた。夕暮れ近かったので、互いの顔はほとんど見分けられなかった。親愛なる博士がやってきて、二言三言優しい言葉をかけながら、ぼくのポケットに何かを滑りこませると、まもなくゆっくりと歩み去った。後には暗闇とぼくだけが残された。——こうしてぼくは身体的要求を満たすことができ、ふたたび魂の真理という真珠を求めて水に飛びこんだ。

二月五日　晴れて寒い。精神の世界でも寒い日が続いている。自分の心を温め、他者への愛を増やし、もっと真剣に祈ろうとするのだが、そんな努力は寒さの中の石炭の火のようなもので、部分的、一時的にしか効果がない。しかし、ひとたび暖かく優しい魂の風が吹けば、どれほど簡単にぼくの愛を温め、どれほどぼくの祈りを真剣なものにし、どれほどぼくを楽しく満足した気持ちにしてくれることか！　どんなに努力しても、ぼくらはあいかわらず憐れな罪人《つみびと》だ。ぼくらが清く聖なる者になるためには、超自然的な助けが来なければならない。

あのニューイングランドの身を切るような冬の寒さは、ぼくには厳しく感じられた。肌を突き刺す寒さがこたえたからというわけではない。それにはじきに慣れてしまった。そうではなくて、ぼくの貴重な石炭がすぐになくなってしまったからだ。寄宿舎の建物の煉瓦そのものが、憐れな学生の身体が温まる前に、ストーブから熱を吸いとってしまうのだ。しかし、この気候現象にもいくつかの精神的な教訓があるのでは

14　イギリスの詩人・慈善事業家。一八二五〜六四。

ないだろうか？　わびしい部屋は神の魂に見捨てられたぼくの心そのものだ。どんなに暖めてもまだ寒い。バミューダの方角から吹く温暖な風は神の魂だ。それが吹けば凍っていたあらゆるものがとけ、憐れな学生は石炭代の恐怖から解放される。吹け、天のそよ風よ。そして、凍りついたぼくの心やその他の場所をとかしてくれ。

四月十五日　朝の祈禱。ぼくがあなたのもとに来たのは、ぼくが清く汚《けが》れのない愛情深い人間だからではない。ぼくがあなたのもとに来たのは、あなたに満たされ、もっと真剣に祈りを捧げ、もっと世界を愛し、もっとあなたの言葉と真理を知ることができるようにするためだ。あなたはぼくに求める、あらゆる善と慈悲と愛の泉であるあなたを頼りにして生き、あなたと一つになることを。従順も、誠実も、純粋も、あなたからしか生じない。ぼくがどんなに奮闘努力しても、それらを作り出すことはできない。あなたが自分の律法に従うようぼくらに命じるのは、ぼくらに自力でそうする能力があるからではない。ぼくらが自分の無力さを自覚することによって、あなたのもとに来て、あなたと一つになるためだ。あなたがぼくらに律法を授けたのは、それによってあなたのもとへ導くためだ。だから、ああ主よ、ぼくは自分がまったく無力で堕落していることを認めて、あなたの命で満たしてもらうために、あなたのもとに来たのだ。ぼくは清らかではない。だから清めてくれるよう、あなたに祈る。ぼくには信仰がない。だからぼくに信仰をあたえたまえ。あなたは善そのものであり、あなたがいなければ、ぼくは暗黒そのものになる。見よ、ぼくの汚らわしさを。そしてぼくの罪を清めたまえ。アーメン。

四月二十三日　キリスト教徒の祈りは、神の特別な介入によって自分の欲求が満たされることを求めるものではない。それはまさに永遠の魂との交わりであり、人はすでに神の御心にあることを祈るだけである。そのような態度で唱えられた祈りはすべて聞き届けられるであろうし、また聞き届けられるにちがいないのだ。キリスト教徒の祈りは、ゆえに、預言なのである。

これは、かつてぼくが祈りについて抱いていた異教的な考え方からすると、かなりの進歩だと言えよう。残念なことに、キリスト教の律法の下にある多くの人々が、依然として異教的な考え方を持っている。神はぼくらのどんな祈りでも聞き届けてくれ、その結果、自然法則さえひっくり返すことができると、以前のぼくは想像していたし、今も多くの人々がそのように想像している。しかしそうではないのだ、わが魂よ。つねに善を意味する神の意志に自分の意志を合わせるのだ。そうすれば、太陽の動きを止めてより多くの光と喜びを手に入れようとするような不可能な祈りを必死で唱えるようなことはなくなるであろう。

以上のような考察とともに、ぼくのニューイングランドでの大学時代は終わりを迎えた。ぼくはその大学に重い心で入学し、わが主である救い主のうちにある勝利の栄光とともに卒業した。それ以来、より多くのことを勉強し、より多くのことを学んだが、けっきょく、ニューイングランドの大学の丘で学んだ基礎を補強したにすぎなかった。ぼくはこのニューイングランドで真に改宗した、つまり約十年前、故国で洗礼を受けたあの日に引き戻されたのだと信じている。

ニューイングランドで主がぼくの前にあらわれたのだ。とくにある人を通じて。そう、ワシの目とライオンの顔と子羊の心を持ったわが学長である。ぼくの中の魂、ぼくの前の模範、ぼくの周囲の自然や事物が、ついにぼくを征服した。もちろん、完全に征服するまでには、一生かかるだろう。しかし、少なくとも状況は改善され、自己を征服するために、もう自分のむなしい努力には頼らず、宇宙の力に頼るようになった。この世の小さな神〔自己〕――彼を征服できるのは神の全能の力そのものだけである。

大学での知的な収穫について言えば、ほとんどなかった。というより、少なくとも、精神的な収穫に比べれば、そのように見えたということだ。自分の魂の救済のことで頭がいっぱいで、肉体の維持のことなどほとんど考えない学生には、あまり学業の進展は期待できない。しかし、大学はとても寛大に遇してくれ、それどころか援助を惜しまなかった。ぼくは特別な身分で入学したので、正式に卒業生に加わる資格はなかったのだが、いわば養子として受け入れられ、実の息子たちの中に居場所をあたえられた。そうして授けられた名誉を祝って、息子たちはぼくに三度のエールを送ってくれた。それに応えるためにも、ぼくは気高く、立派に生きなくてはならなかった。信仰と祖国のためだけでなく、わが母校のためにも。

「大学の精神」は、野球場以外の場所では、気高いキリスト教的な感情である。その精神にあくまで忠実に従うなら、それだけで息子たちは、デマをとばしたり、ゴマをすったり、他人の顔色をうかがったりという、この世のありとあらゆる卑劣で卑怯な行為とは無縁でいられるはずだ。大学の精神とは、堂々と自主独立を貫き、あらゆる空虚な誇示に対して勇敢に反対を唱え、忍耐強く崇敬の念を持って真理を探求することであり、理屈抜きの信仰という意味において正統な信仰だと、ぼくは理解している。それは洗練された異教信仰でもなく、「最も現実味のある」宗教でもなく、低俗な十九世紀的な意味での「成功」でもない。奉仕し、満足させるべきそのような母親をもう一人あたえられて、ぼくは大いに感謝している。どうか彼女の名と栄光にふさわしい一生が送れますように！

二カ月という長い夏期休暇中、ぼくは一人だけずっと寄宿舎にとどまった。騒々しい住人たちが出払った寄宿舎で、今度の秋に神学校に入学するための準備をしていたのだ。そうして過ごした時間は人生で最高のものだった。安らかな孤独にひたり、美しい自然に囲まれ、いつも内なる神の魂の存在を感じ、過去と未来に思いを馳せた。――それどころか、大学の丘全体が美しく姿を変え、わが神の家、シオンとなった。そんな幸福な日々の記録を少し紹介しておこう。

八月二十七日　晴れて気持ちのいい日。――静かだ。ひどく淋しいと感じることも多いが、ぼくは神にすがる。自分の魂に尋ねてみた。今すぐ神がぼくの命を取るとしたらどうする、と。魂は答えた。「たとえ神に殺されたとしても、私はうれしいと思うでしょう。たとえ私が滅ぼされるとしても、神の意志はかならず実現されるでしょう。神に捧げられた魂にとって、うれしいのは神の栄光だけであり、自分の成功などうれしくないのです」

九月十二日　Aでの最後の日。——とても感動的な一日。過去二年間に経験した多くの苦闘と誘惑をふりかえる。また、神の助けによって手にした、自分の罪と弱さに対する数々の輝かしい勝利と、神からのいくつもの荘厳なる啓示をふりかえる。じっさい、ぼくの人生は新たな方向へとすっかり針路を変えた。ぼくはその方向へ希望と勇気を持って進むことができる。この神聖な丘に神の最高の祝福があらんことを！——学長に面会し、別れを告げる。その尊い人の前に立つと、いつものように涙がこみあげてきた。ほとんど話すことができなかった。なぜなら話したいことがあまりにも多かったからだ。学長はいくつか助言をくれた後、今後の生活の助けにと百ドルのお金をぼくに手渡した。それから豊かな祝福の言葉でぼくに別れを告げた。ぼくの目には涙があふれ、すすり泣きながら、二言三言、学長に答えた。ぼくがあの人のことをどれほど思っているか、主はご存じだ。学長には何から何までお世話になった。教育を受け、卒業証書を授与され、ほかにもさまざまなものを受けとったのに、さらにまた、学長が言うには「学費の払い戻し」として、＊＊＊ドルを手にして卒業するのだ！ ああ、わが魂よ、主から金と善意を託されたときには、貧困にあえぐ人々に対して、惜しみなく財布と心を開け。自分の部屋に戻ると、ツバメが三羽迷いこんでいた。夜になり、外は暗く、天候が荒れていたからだ。ツバメたちは壁に向かって猛烈な勢いで翼をばたつかせていた。ぼくは臆病な生き物たちをそっと捕まえた。暗闇の中へ送り出すのは心配だったが、あえて部屋の中にはとどめないことにした。ぼくを怖がっていたからだ。だから、宇宙の父の慈悲深い手に委ね、ツバメたちを外に放した。

翌日、ぼくは大学の町を去り、神学校に来た。

第九章　キリスト教国にて——神学の概観

長きにわたる恐ろしい苦闘の末に、ぼくはついに屈服し、神学生になった。前に述べたように、ぼくは武士の家に生まれた。すべての実際家がそうであるように、武士もまた、あらゆる種類の衒学《げんがく》趣味や感傷的なことを軽蔑する。だいたい、聖職者ほど実際的でない人間がいるだろうか？　彼らがこの忙しい社会に提供する品物は、いわゆる感傷——世界最悪の怠け者にも作れるような疑わしい、なんの役にも立たないもの——である。その感傷と引き換えに食料、衣服、その他、本当の実質的な価値のあるものを手に入れるのだ。だから、聖職者は慈善にすがって生きている、と考えられ、剣は慈善よりも立派な生活の手段だとぼくらは信じていた。

聖職者になるだけでもよくないことなのである。キリスト教の聖職者なんかになったらおしまいだと思っていた。わが国のような異教国では、キリスト教の牧師たちは直接的あるいは間接的に外国人の支援を受けていて、いずれかの外国人監督「高位聖職者」の支配下に置かれている。真のドイツ人であれば、イタリア人やフランス人聖職者による支配を受け入れる者は一人もいない。それと同様に、わが国の真の国民ならば誰一人として、いかなる外国の影響にも束縛されることを望まない。「自由放任主義《レッセフェール》」や「等価交換《クィッドプロクオ》」のような経済原則を持ち出して、国家の名誉を真剣に考えようともしないのは、卑劣なことであり、わが国の独立を危うくするものでさえある、と考えられている。

思想というのは世界主義的《コスモポリタン》なものだし、あらゆる国のあらゆる人々から知識を授けられるのは喜ばしいことで、たしかに感謝すべきことである。しかし、パンとなると話は別だ。じつは、心の束縛は最も危険な束縛ではない。最も危険なのは胃袋の束縛だ。フリードリヒ大王の心はフランスの虜《とりこ》になっていたが、ドイツ国家をフランスの支配から解放したのもフリードリヒ大王だった。プロイセンはヴォルテール[1]の胃袋を束縛していた。そして見よ、ヴォルテールの悲惨と堕落を。物質的領域における世界主義はつねに危険な原理なのである。

というわけで、ぼくの場合、キリスト教の聖職者になることは、二種類の束縛を意味していた。自分自身の名誉とわが国の名誉のことを考えると、どんな形であれキリスト教の聖職に就くことなど思いもよらなかった。じっさい、キリスト教への改宗を勧められた当初からいちばん心配していたのは、自分が聖職者にさせられるかもしれない、ということだった。そしてその後、ぼくが宗教活動に熱心になると、キリスト教徒の友人たちの関心を引き、彼らから、ぼくの人生における使命は伝道かもしれないと思われてしまった。ぼくはそのとき彼らの提案を断固拒否した。ぼくはプロの聖職者が心底嫌いだったので、誰であれ友人から聖職者になれなどと言われると完全に怒り狂った。

しかし、生まれてからずっと抱きつづけてきたこの聖職に対する偏見は、気高く立

1　フランスの作家・啓蒙思想家。本名フランソワ＝マリー・アルエ。一六九四〜一七七八。哲学、詩、戯曲、批評、歴史、小説、書簡などにわたる膨大な著作がある。百科全書派の一人で、理性と自由を掲げて専制政治と教会を批判した。フランス国王ルイ十五世と対立関係にあったためパリを離れ、プロイセンのフリードリヒ大王の招きでポツダムに赴いて宮廷で五年を過ごすが、やがて国王と不和になりプロイセンを去る。

派な聖職者たちと接することによって、大きく後退した。ニューイングランドの大学の尊敬すべき学長は聖職者にして神学者だった。ぼくが洗礼を受けたメソジストの牧師はひじょうに優れた人格の持ち主だった。聖職者をこきおろすときにはいつも、その牧師は例外にしていた。聖書解釈のF博士。大学の牧師のB博士。その他の人々。——みんな聖職者であって、ペテン師や山師などではなかった。聖職者はときにはひじょうに有能な社会の一員であること、優れた牧師の存在は有益であること、そして、聖職者はこの地上でなんらかの仕事をしており、しかも偉大なこともたくさん成し遂げていることがわかってきた。

あのルターも、普通の聖職者ではなかったが、やはり聖職者ではなかったか？ 勇気ある偶像破壊者ジョン・ノックスも聖職者にして神学者ではなかったか？ 世界の最も偉大な戦士たちも思慮深い神学生ではなかったか？ ぼくが理想とする紳士でありキリスト教徒であるジョン・ハムデン[2]はイギリス人だが、彼の勇敢な行為は深い神学的信念の結果ではなかったか？ ガスパール・ド・コリニー[3]——愛するフランスの壮大な改革計画を立てるにあたって、神学は彼にとって重要なものではなかっただろうか？ 神学が、ただの遊び道具で、世界一の大嘘つきや偽善者が目くらましに使うことがあるとしても、それは世界最強の知性の営みであり、世界で最も気高い魂を鍛錬するものだったのではないか？　その語源が示しているように、神学が神の学問だとすれば、[4]本当のアダムの息子たちなら、どうしてこのような敬虔な研究を辞退できようか？　神の宇宙に関する学問の中に、神学でないものがあるだろうか？　神の学問の導きがなければ、人間のいかなる行為も正しく真実であるとは言えないのではないか？　ああ、わが魂よ、ならば神学生になれ。神学を偽善者と精神的山師の手から救え。ダビデがペリシテ人の手から神の箱を救ったように。[5]神学そのものは、最も気高い学問だ。ただそれを「異教徒」の手に放置している人間が悪いだけである。

日々、宗教的体験に現実感が増すにつれ、それまで神学について抱いていた空虚だとか役に立たないといった考え方が払拭されていった。じつは神学が嫌いだった理由がわかったのである。米やジャガイモが現実であるように、魂も現実のものだとした

2　イギリスのピューリタン革命における議会派の指導者。一五九四〜一六四三。
3　フランスの軍人。一五一九〜七二。ユグノー戦争前半におけるユグノー（新教徒）の指導者。
4　神学は英語で theology。ギリシャ語で神は theos という。
5　旧約聖書「サムエル記上」四章一〜七節、「サムエル記下」五章十七〜六章十五節。

ら、どうして神学を蔑視し、農業を賞賛するのか？　穀物を作り、神の大地の産物でぼく自身や飢えた同胞を養うことが気高いことだとしたら、神の律法を学んで、飢えた魂に神の魂をあたえ、それによってより気高く雄々しい人間になることが、どうして卑しいことなのだろうか？　籾殻《もみがら》や藁《わら》しか作っていないのに、それを小麦や米と称して売りさばくような農業を、ぼくらは侮蔑し、非難する。そんなものは農業でもなんでもなく、岩業か砂業とでも呼ぶべきものであって、じっさいには誰も養っていない。だから、ぼくがこれまで罵倒してきた神学は、じつは神学ではなく、悪魔学なのだ。それがもたらすのは魂ではなくただの風であり、説教ではなくただの修辞《レトリック》であり、音楽ではなくただの音だ。神学には実質がある。食べることも飲むこともできる——たっぷりとして栄養豊富なので、その水を飲む者はけっして喉が渇くことはなく、その肉を食べる者はけっして飢えることがない。神学を恥に思う？　いいとも、非神学すなわち悪魔学を永遠に恥に思うがいい。神学校やその他の機関で教えられたとしてもだ。しかし、本当の神学なら、どこで教えられたとしても、誇りに思え。貧しく飢えた人々を救うために、いつかは朽ち果てる富を惜しみなく差し出したジョージ・ピーボディ[6]とスティーヴン・ジラードの名に、世界は敬意を払う。そしてその世界は、宗教思想を体系化し、善を行うことと神に仕えることをほとんど科学的に可能なことにしたネアンダー[7]、ユリウス・ミュラー[8]その他の人々の名を崇敬しつづけるだろう。「心は神学の中心である」と教会史の父ネアンダーは言った。ゆえに、心を持たず、胃袋しか持たない者は、神学の外にいるべきなのである。

このように確信した結果、ぼくは神学を学ぶことにした。ただし、一つだけ重要な条件があった。絶対に聖職者免許を受けない、ということである。ぼくは心の中で言った。「主よ、あなたがぼくに牧師になることを強要しないのなら、神学を勉強します。キリスト教世界のすべての神学を理解できたとしても、自分の名前にあのD・D（名誉神学博士）という仰々しい肩書きをつけくわえることはないでしょう。どう

6　アメリカの実業家・銀行家。一七九五～一八六九。イギリスでも活躍し、社会事業に貢献した。

7　ヨハン・アウグスト・ヴィルヘルム・ネアンダー（一七八九～一八五〇）。ドイツのプロテスタント神学者。実証主義歴史観に反対し、教会史を信仰史と見る敬虔主義的歴史観に立つ「心の神学」を唱えた。

8　ドイツのプロテスタント神学者。一八〇一～七八。

かそれは免除してください。ぼくはこうしてわが身を捧げるのですから」神はわかったと答えた。その合意のうえで、ぼくは神学校に入学した。

九月十八日日曜日　神学が、現実のもの、実際的なものをいっさい含まない学問だとしたら、学ぶ価値はない。だが真の神学は現実的なものだ。そう、他のどの学問よりも現実的だ。医学は人の身体的苦痛を和らげる。法学は人と人との市民としての関係を扱う。しかし神学は、身体の病気や社会の混乱の原因そのものを探求する。真の神学者は当然、理想家だが夢想家ではない。彼の理想が実現するのは何百年も先のことである。彼の仕事は、巨大な建物を建てるのに煉瓦を一つか二つ積むのに似ている。建物が完成するまでには無限の歳月がかかるのだ。彼がその仕事をするのは、正直に、まじめに働いた成果は、けっして失われないと、ただ信じているからだ。

九月十九日　神学は、心の狭い人間が理解するにはあまりにも大きなテーマだ。心の狭い人間は、巨大なテーマに立ち向かうには自分の心は狭すぎると気づくと、自分の心の狭さに合わせて神学を構築し、自分よりも神学を理解している人々に対して呪詛の言葉を投げつける。ああ、わが魂よ、自分の心の狭さに合わせて神学を構築するのではなく、神学の大きさに合わせて自分を広げるのだ。

十月十二日　大教室での授業に少しうんざりする。新約聖書の解釈における地獄と煉獄について、および護教論[9]における似たりよったりの中身のない問題について議論した。魂のない神学は、あらゆる学問の中で最も無味乾燥で、最も無価値なものである。学生たちが笑ったり冗談を言ったりしながら、まじめな問題を議論しているのを目にして、ほとんどあきれ果てた。当然ながら、これではとても真理を究めることなどできまい。「とこしえの岩」[10]から生命を引き出すには最大限の熱意と真剣さが必要だ。

十一月三日　ぼくは今、「せねばならない」よりも高い道徳を求めている。神の恵み

9　宗教の非合理性、非科学性を非難する議論に対して、宗教が人間にとって必要なものであり、理性に反するものでないことを主張する議論。とくにキリスト教の立場からキリスト教信仰の正当性、真理性を主張する。

10　旧約聖書「イザヤ書」二十六章四節。「どこまでも主に信頼せよ、主こそはとこしえの岩」

から来る道徳を渇望している。しかし、そのような道徳を大多数の人々は否定する。のみならず、神学校の学生や教授たちもほとんど信じていないようだ。この神聖な壁の内側にいても、新しいことは何一つ聞こえてこない。外にいるときに耳にすることと何も変わらない。ここの神学生たちが卒業して異教徒に教えようとしていることの大部分は、孔子や仏陀からも学べることばかりだ。

十一月七日　この世とは何か？　敵意と紛争が遍在する場だ。不信心対キリスト教、カトリック対プロテスタント、ユニテリアン対正統派信仰。人々は勢力を拡大しようとして、ある部分が他の部分と対立し、ある部分のそのまた一部が同じ部分の中の他の一部と対立する――それぞれが他者の間違いや失敗に乗じて利益を得ようとする。個人だけではなく、人類そのものが信用できない。なぜなら、人類はみな腹黒い、人間嫌いばかりで、すべてがカインの末裔[11]だからだ。ああ、わが魂よ。主義には近づくな。メソジスト主義、会衆主義その他、いかにも高尚に聞こえる主義であってもだ。真理を探究せよ。一人の人間としてふるまえ。人と交わるな。上を見よ。

十一月十八日　デイヴィッド・ヒュームの伝記を読んでいる。ぼくの宗教的な熱意は、この鋭い哲学者の冷徹な精神に触れることで静められた。しかし、ぼくは自分の宗教体験を、ぜひとも科学的な厳密な方法で吟味したいと思っている。自分が「哲学的な幻想世界の蜃気楼」の中にいるのではないという知的な確信を得たい。物理科学が進歩している現代では、懐疑的な人々を呪詛の言葉でやっつけようとしても意味がない。宗教を客観化し、「触れられる」もの、科学的に理解できるものにしなくてはならない。しかし、ああ！　ぼくの周囲では、みんなが昔ながらの同じ道を踏んでいる。誰もが競って「教区民から愛される」よき牧師たちを真似ようとしているのだ。

十二月五日　人の生涯にはそれぞれ神があらかじめ定めた一種の規範がある。人の成功は、この規範に自分を一致させることにある。その規範に到達できなくても、行き

11　カインは旧約聖書「創世記」に登場するアダムとイブの長子。カインは土を耕し、弟アベルは羊を飼っていた。二人がそれぞれの収穫物を神にささげると、神はアベルの供え物だけを喜んだ。カインはこれに嫉妬してアベルを殺した。カインの末裔とは、人はみな生まれながらに罪深い心を持っている、という意味。

すぎても成功できない。完全な安らぎはそこにしかない。身体と精神を最大限に活かすことができるのは、規範の中を歩んでいるときだ。野心がなければそこに到達することはできず、能力を最大限に発揮して仕事を完遂することなく、この世から去ることになる。いっぽう、野心がありすぎると、そこを跳び越えてしまう。その結果、身体を壊して早死にする。人の選択する能力（自由意志）は、自分をこの規範に合わせることにある。自分をひとたびその流れに乗せてしまえば、努力して前進する必要はなく、ただその流れに乗った状態を保てばいいだけだ。この流れの中にあるどんな神の恵みもとらえて享受せよ。しかし、けっして流れの外に出て神の恵みを追い求めてはならない。この流れをさえぎるどんな障害も突破せよ。それは不動の山ではない。なぜならこの道は神が定めたものだからだ。それでも自分を頼みとしてはいけない。おまえが乗っている流れは神が定めたものなのだ。神はおまえのために船長も定めている。「これに聞け！」[12]

十二月二十九日　今なお神学を勉強している自分は他人に顔向けできないと思うことがあり、そんな自分を恥ずかしいと感じている。じつは、俗気のある者は、どんな学問についても、その精神的な側面を見ることができない。生活のために説教をするという発想は、彼らにはこのうえなく浅ましく見えるだろう。真の福音の伝道者になることにおける真の自己犠牲は、その自己犠牲が一般大衆には自己犠牲のように見えないという事実にある。さらに言えば、考えうる最も浅ましいことのように見えるのである。実際的な慈善活動やその他の親切な行為についてはそうではない。それ（神学を学んでいること）を自己犠牲だと考える人々にはできるだけ隠しておき、浅ましいことだと考える人々の前では打ちあける――そう、キリスト教徒は、この世ではかなりの茨《いばら》の道を進まねばならないのだ。じつに十字架の子供たちに定められた道は狭い。父よ、人々の前であなたとの関係を否定することをお赦しください。ぼくの天職に勇気と自信をあたえてください。

しかし、それ以上神学の勉強を続けるのは無理だった。過去三年間にわたる極度の

12　新約聖書「マタイによる福音書」十七章五節。「これはわたしの愛する子、わたしの心に適う者。これに聞け」。天の声がイエスの弟子たちに告げた言葉。これとはイエスのこと。

精神的緊張で、ぼくの神経は乱れ、かなりひどい慢性的な不眠症に悩まされていた。休息も、鎮静剤も、祈りも、けっきょく効き目はなく、ぼくに残された唯一の道は、帰国することしかなかった。神学の勉強をやめて、なんであれ外国生活で得たものを持って故国に帰るのだ。

しかしよく考えてみると、そのような神の命令は賢明で理にかなっていた。アメリカの神学校は、とくにアメリカの教会のために若者たちを教育する、という目的で設立されたものだ。そのためアメリカとは事情の違う地域に赴く若者を教育するには最適の学校とは言えない。旧約および新約聖書の解釈研究は別にして、アメリカの神学校で教えられていることの多くは、省いてもよいものばかりだ。伝道地でじっさいに活動している宣教師たちは、それらを知らなくてもさほど困らないだろう。牧会神学、[13]歴史神学、教義神学、組織神学がぼくらにとってまったく無意味だというのではない。人間の知識の中でキリスト教徒が知らなくてもよい分野は一つもないと、ぼくは心から信じている。問題は、どれがより重要かということだ。ぼくらが取り組むべき相手は懐疑的なヒュームでも、分析的なバウア[14]でもなく、インド哲学の深遠さや、中国倫理思想家の非宗教性、そして新興諸国の混乱した思考と行動である。新興諸国のもつ新たな野心は物質主義的だが、基本となる考えは精神的なものである。

西洋のキリスト教徒のあいだで通常用いられている言葉の意味での「教会」は、わが国の国民にとってはまったく未知のものである。この教会という有益な、しかし明らかに外国のものである機関をわが国に創設し、ぼくが属している国民のあいだに定着させられる見込みがいくらかでもあるのか、というのが依然として重大な問題である。国ができてから二千年間、国民がずっと慣れ親しんできた道徳や宗教の教え方は、聖書に基づく説教や、説教壇からの演説といったやり方とはまったく違う。わが国では道徳教育と知的教育を区別していない。学校はぼくらの教会であり、そこで自分の全存在を育てあげることになっている。宗教を専門とするという考えは、ぼくらの耳にはひどく奇妙に聞こえるし、嫌な感じさえする。わが国にも聖職者はいるが、彼ら

13　牧会とはプロテスタント教会で牧師が行う説教や礼拝のこと。また信者の魂に配慮し、信仰と生活を導くこと。これに関する学問を牧会神学という。

14　フェルディナント・クリスティアン・バウア（一七九二〜一八六〇）。ドイツの神学者。テュービンゲン大学教授。ヘーゲル哲学の弁証法的歴史観の影響を受け、これを原始キリスト教に適用して独自の解釈を示した。バウルとも。

は基本的に寺院の管理者であって、「真実」や「永遠の真理」を教える者ではない。わが国の道徳改革者はすべて教師であり「先生」だった。彼らは精神に関わることを教えると同時に文学や科学も教えた。「知識に価値があるのは正しい道を照らしてくれるからだ。人が熱心に知識を習得するのはそれによって職業的道徳家になるためではない」そう言ったのは高山彦九郎[15]という風変わりな日本人異教徒である。高山は、同じような多くの人々とともに、道徳、政治、その他における最も壮大で最も優れた変革をもたらした。それは島国の帝国がいまだかつて目にしたことのないほどの一大改革だった。

では、人々を改宗させたり、教会員を増やしたり、といった活動を行うさいの手段や方法についてはどうだろう？　手段や方法によってキリスト教に改宗させられた者は、同じく手段や方法によってふたたび異教に改宗させられる可能性がある。この物質主義の世紀に生きるぼくらは、環境を重視しすぎる。ダーウィニズムの影響でついにキリスト教まで方針を変えてしまったようだ。優秀な聖歌隊、楽しい教会親睦会、若いご婦人たちによるバザー、無料のランチ、日曜学校のピクニック――そういったものが今ではどれも人々の精神を高揚させるための重要な手段だと考えられている。

「牧会神学」の大部分がそのような仕事で占められているようだ。もしも洗練された修辞学《レトリック》が若い神学生たちから火よりも熱く望まれているとしたら——この「火」も修辞のための表現だが——、そしてもしも牧師の説教が、火を放ち、偶像を破壊する威力があるからではなく、雄弁で劇的だという理由から語りぐさになっているとしたら、クリュソストモス[16]が神の言葉に黄金の響きを添えて語った自分の舌を呪い、アウグスティヌス[17]が修辞学を欺瞞の術だと嫌悪するのも当然である。批評家たちが言うように、聖パウロがあまり美男子ではなく、話すギリシャ語もあまり正統なものではなかったのなら、ボシュエ[18]の雄弁もマシヨン[19]の洗練された文体もフランス革命の猛威を押し戻

15　江戸時代中期の勤王家。一七四七〜九三。少年時代から勤王の志を抱き、京都で公家と交遊し、諸藩を巡って勤王主義を説き、ロシアの南下を伝え聞いて松前まで行くが、幕府の圧力で久留米に逃れ自刃。京都の三条大橋で御所に向ってひれ伏した奇行が有名。膨大な日記を残しており、その勤王思想は吉田松陰ら幕末維新の志士たちに多大な影響をあたえた。内村の言う「変革」とは明治維新のこと。

16　コンスタンチノープルの大司教、説教家、聖書注釈家、聖人、教会博士。三四七頃〜四〇四。

すことができなかったのなら、鋳掛《いか》け屋のバニヤン［245頁の注4参照］や商人のムーディ[20]が、時代が望んだ最高の福音真理の伝道者になれたのなら、——ぼくは神学校の課程を修了できなかったことを悲しむ必要はない。

前にも言ったように、ぼくはけっして聖職者免許を受けないという約束で神学校に来たのだった。親友の中には、ぼくが神学の勉強を、免許を取得するまで続けずに途中でやめてしまうことを残念がる者もいた。しかし、ぼくは免許を真剣に恐れていた。免許という新たな栄誉をあたえられることについて、ぼくが抱いていた恐れは、神学校内でその栄誉の恩恵が話題になっているのに気づいて、いよいよ強まった。「牧師館つきで千ドル」「シカゴの混乱についての説教二十ドル」その他、似たような言葉の組み合わせや文句を耳にして、ぼくは強い違和感を覚えた。豚肉やトマトやカボチャみたいに説教に値段がついているのは、少なくとも東洋では考えられないことだ。ぼくら東洋人はひじょうに疑い深いのである。ジョン・スチュアート・ミルもそう言って、東洋人をカトリックのスペイン人と比較している。ぼくらがいちばん疑ってかかるのは、宗教を売り物にする人間である。ぼくらにとって、宗教は通常、お金には代えられないものなのだ。じっさい、宗教的であればあるほど、お金から遠ざかるのである。迷信深いぼくらでも、さすがに宗教と経済学を両立させることはできない。そしてもしも聖職者免許がぼくらの信仰に値段をつけるものだとしたら、ぼくはそうされなくてよかったと思っている。それで誘惑から逃れられるのだから。

このように聖職者が報酬を受けとることは、ぼくらにとってはまだ大いに議論の余地のある問題だ。かつてのわが国の異教徒の教師は、仕事に対して決まった報酬を受けとっていなかった。生徒たちは年に二度、それぞれの経済状態に応じて持ってこられるだけのものを持ってきた。小判十枚という者もいれば、ダイコンやニンジンを一束という者もいて、贈り物はさまざまだった。そうした贈り物は「御礼」と呼ばれた。彼らの中には、信者を死ぬほどつついて教会費、信者席料、その他の金を集める教会

17　アウレリウス・アウグスティヌス（三五四～四三〇）。初期西方キリスト教会の教父。教会博士。その神学と哲学的思索は中世のみならず後世のキリスト教思想に大きな影響をあたえた。
18　フランスの聖職者、説教家、神学者。一六二七～一七〇四。
19　フランスの聖職者。一六六三～一七四二。
20　アメリカの福音伝道者。靴屋で働いていた十八歳のときに回心した。一八三七～九九。

執事はいなかった。教師は、精神の鍛錬を積んで、天と同胞だけを頼みとして自身の肉体を維持できるようになるまでは、教師であって教師でないと考えられた。人々はこれを「自然淘汰」のひじょうに実際的な方法だと考えた。こうしておけば、偽教師、やる気のない教師に騙される心配はない。

たしかに、人は魂だけで生きているわけではなく、大地の恵みによっても生きている。これは聖職者が報酬を受けとることについての論拠である。そしてぼくらはこれを完全にまっとうな意見だと考える。現代の生理学では、思考力、精神力はパンと羊肉から生まれると推定されている。ならば、「エネルギー変換可能性」の原則に基づいて、魂と羊肉を交換してもいいではないか？　ぼくらの肉体の飢餓は、魂の飢餓に劣らず、罪なのである。健康についての神の律法によれば、頭脳を働かせ、心臓に負担のかかる福音の伝道者は、適切かつ十二分な衣食を得る必要がある。

しかし、憐れにも厳格な東洋人は、この単純な科学的議論がわからない。人はパンだけで生きるのではなく、魂はある意味で身体の食べ物であり、全身が天の魂であふれている人々にとって、マトンチョップやチキンパイは食べなくてもすませられるものだと、彼らは信じている。そのため、宣教師たちの生活のあり方が「厳しく」批判される。もちろん宣教師たちは、ときどき伝道の敵によって報告されているような「宮殿スタイル」の豪奢《ごうしゃ》な暮らしをしているわけではない。自分の国で暮らしていたときと同じように暮らしているだけである。しかし、彼らが派遣された現地の人々には豪奢な暮らしに見える。ご存じのように、富や安楽は相対的なものにすぎない。筵《むしろ》の上に寝転がっている者から見れば、寝椅子は贅沢《ぜいたく》なものに見える。それゆえ、ここに一つの壁が生じる。その壁を、宣教師たちは熱意を傾け、必死の努力で突破しなければならない。滅びゆく異教徒たちに救済の福音を届け、受け入れてもらうためには。

ときには、この異教徒の特異性を研究し、それに基づいて行動する「幸いなる」宣教師が来ることもある。彼らは白いネクタイを外し、髪を弁髪にし、パイやその他の故郷のごちそうを口にせず、筵の上で膝を折って座ることを覚えて、ありとあらゆる方法、さまざまなやり方で、人々の魂をイエスのもとへ連れていこうと熱心に取り組む。そのような人々なら、ぼくら異教徒は喜んで受け入れる。彼らは、ぼくらが光と真理に達するためのすばらしい手助けをしてくれる。ぼくらは彼らを祝福し、ぼくらに施した善ゆえに、彼らを遣わしてくれた神を賛美する。そんな宣教師の一人が、クロセット氏という中国に派遣された長老派の宣教師だった。クロセット氏は中国人になりきった。それも、役人のような特権階級ではない、市井《しせい》の中国人に。その「奇行」のせいで、とうとう本国からの支援を打ち切られた。しかし、異教徒たちからの援助を受けて活動を続けた。彼は、異教徒である北京の商人たちの支援で北京に救貧院[21]を開いた。船で旅をするときには、中国人の庶民と同じ三等船室に乗った。そんな伝道の旅の途上、船が黄海を航行中に、天上の家からのお迎えが来たのだった。船長はクロセット氏に、船長室に移って身体を楽にして休むようにと言ったが、氏はそれをやんわりと断った。自分が遣わされた人々の中で死にたいと思ったからだ。けっきょく強制的に船長室に移され、そこで息をひきとった。周りにいるすべての人々を神と救い主の手に委ねて。訃報は本国に届いた。宗教関係の新聞各紙では軽く触れられただけで、あまり論評されなかった。それだけではない。暗にほのめかす形で、彼の犠牲は愚かな犠牲であり、白いネクタイをしたまま一等船室に乗っていても善を行うことはできると言われた。それでも北京や天津その他の弁髪の紳士たちは、クロセット氏の功労を忘れない。人々は彼を「キリスト教徒の仏陀」と呼んだ。彼はそれほど人々から崇敬されていた。キリスト教側には、おそらく恩恵を受けた者はほとんどいなかっただろう。しかし、クロセット氏の事例から、すべての人が神聖な悲しみと愛について何かを学ぶべきだった。

なんと幸運な宣教師だろう！　たぶん、誰もが彼の真似をできるわけではない。きっと彼の胃袋はダチョウの胃袋のように丈夫だったので、中国人の食べるものでも消化不良を起こさずに食べられたのだろう。彼は幸運だとぼくが言うのは、彼のような人は「伝道地の困難な状況」を嘆く必要がないからだ。ぼくらは彼を真似ようとは思わない。真似は偽善であり、そんなことをしても何もいいことはないからだ。むろん、弁髪にしたり、三等船室に乗ったりすることは、問題の本質ではない。本質は彼の精神にある。ぼくらは彼の精神を「常軌を逸している」などと見下したりはしない。異教徒の中にあって宣教師として成功しようという野心がある者なら誰だって、彼のようになりたいと祈るだろう。

しかしこのような、あらゆる環境に順応できる能力は、神学校では習得できない。神学校教育では、ぼくらは目的に合わない環境に順応させられる。その環境に順応し

21　貧困者収容施設。労働と引き換えに食事と宿泊場所の提供を受ける。

てしまうと、そこから脱するのはきわめて困難だ。ぼくの同胞の中にもそんな例がたくさんあるのを知っている。彼らは訓練を受けているあいだに西洋の生活様式や思想に順応するが、帰国したときには完全な外国人となっているため、かつての環境にふたたび順応するのにひじょうに苦労するのだ。炊いた飯や豆腐では、新たな環境に順応した身体は栄養不足になる。硬い畳の上に座ると滑膜炎その他、膝や脚の具合が悪くなる。地元の教会には空気を暖めるスチームヒーターがないので喉が痛くなり、換気が悪いため頭ががんがんする。彼にとって最低限必要なものが、人々の目にはとほうもないものに見える。彼の肉体は衰弱し、肉体とともに精神も衰弱する。説教に耐えられなくなる。そうして別の仕事に転職し、もっと頑健な者が取って代わる。生存競争は彼にとってあまりに過酷だ。

——そして思想である。彼の思想もまた自国民の思想と相容れないものとなっている！　彼は説教の中でヒューム主義やセオドア・パーカー〔207頁注20参照〕主義を非難するが、説教を聴く人々の頭にはヒュームもパーカーも存在したことがないのである。ローマ帝国の没落も血のメアリー〔イングランド女王メアリー一世。一五一六〜一五五八〕によるプロテスタント迫害も、馬耳東風でまったく理解していない。彼は聖書が真実であることを聖書によって証明する。しかし、聖書は人々にとって暇な骨董屋の煤《すす》けた羊皮紙と大差ない。説教は人々の頭の上を飛びこえて空気中に消える。彼は聴衆に失望し、聴衆も彼に失望する。不満、不平、断念、離脱。わざわざ王子を作って物乞いのところへ派遣すべきだろうか？

しかし、これらは神学校生活の否定的な一面にすぎない。ぼくは今、それを思い出してはわが身の不幸を慰めている。神学校教育のいいところについては、ここで細かく数えあげる必要はない。

神学校では預言者を作ることはできない――預言者は詩人と同じように、生まれるものだ――しかしそうだとしても、彼が成長し、優れた預言者になるには最高の場所である。

神学校は天使の住処《すみか》ではない――そんな場所はこの下界のどこを探しても見つからない――だとしても、この世にはこれほど清く聖なる集団はほかにない。神学校の抱えている欠陥が、他のどの機関よりもくっきり際立って見えるというまさにその事実は、そこに輝く光がより明るく、より隅々まで照らすことを証明している。

憐れな神学生たち。彼らは今、批判を好むこの時代の人々を相手に、きわめて不利な立場に立たされている。世間の人々は天使にしかできないことを神学生に期待している。その期待を裏切られると人々は彼らに石を投げるが、そうやって責める相手とまさに同じ罪を犯している。世間は公然と、経済学的見地から拝金主義を追求していながら、福音の伝道者が同じことをすると罵倒する。キリスト教の牧師や宣教師は全能の神と救い主に対して粗布を身にまとい頭に灰をかぶって深く悔い改めればよい。しかし、そんな世間の人々に対しては、みんながそろって恥じる必要はない。

王の家に属するぼくらは、部外者なら一顧だにする必要も感じない過ちを重く見る。教会内で問題がもちあがったとしても、拝金主義の世界のうなり声や歯ぎしりと似たようなものだなどと、彼らに誤解されてはならない。

ぼくは神学校を去り、来た道を戻って、故国を目指した。

第十章　キリスト教国についての率直な印象——帰国

こうしてキリスト教国での修行が終わりを迎えた今、読者諸君はぼくが最終的にどう思っているかを知りたいだろう。最初に上陸したときに受けた印象を最後まで抱きつづけただろうか？　やはりキリスト教国のほうが異教国よりも優れているだろうか？　キリスト教はぼくの国に広める価値があるだろうか？　あるいは、キリスト教伝道の存在理由はあるだろうか？

最初に正直に言わせてもらうと、ぼくはキリスト教国にすっかり夢中だったわけではない。三年半の滞在中、とても親切なもてなしを受け、ひじょうに厚い友情を結んだけれども、完全に同化することはなかった。ぼくはつねに外国人であり、アメリカ人になろうと努力したことはなかった。かつて南十字星の下、波が泡立つ崖の上を歩き回っていた頃を文明国にいて懐かしむティエラ・デル・フエゴ人[1]や、生まれ故郷の草原でバイソンと再会したいと願うカトリック化されたインディアンなどとは違って、ぼくにはより高く尊い目標があったけれども、キリスト教国に滞在しているあいだ、最後の最後まで、「懐かしのわが故郷」を想う気持ちで、故国を懐かしんでいた。ちょっとでもアメリカ人やイギリス人になりたいなどという望みを抱いたことは一度もない。それどころか、自分の異教徒との結びつきを自分だけの特権だと思っていた。そして、ぼくをキリスト教徒としてではなく「異教徒」としてこの世に生んでくれたことを、一度ならず神に感謝した。

　異教徒に生まれたことにはいくつかの利点があるからだ。異教信仰は人間の未発達な段階であり、どんな形のキリスト教が到達した段階よりも、もっと高く、もっと完璧な段階へと発達できると、ぼくは考えている。まだキリスト教に触れられていない異教国には永遠の希望がある。それは先人の誰よりも壮大な人生に向かって冒険に飛び出す若者たちの希望だ。わが国は二千年以上の歴史を持つが、キリスト教に関してはまだ子供である。急速な発展の日々の中にはありとあらゆる未来の希望と可能性が秘められている。そんな日々を数多くこの目で見られることを、とても感謝している。

——そしてぼくは新たな真理の力をさらに感じることができた。「キリスト教徒に生まれた人々」には言い古された陳腐な文句に聞こえるものでも、ぼくにとっては新たな啓示であり、われらの始祖アダムとイヴが歌ったであろう賛歌を思いおこさせた。

半透明の露のカーテンの下、
巨大な夕日の光を浴びて、
宵の明星が数多の天使とともにあらわれ、
見よ！　創造は人の眼前に広がる[2]

ぼくは自分の中にキリスト教千九百年の変化と進歩を見ることができた。あらゆる闘争から脱したとき、ぼくは自分が思いやりのある人間になっていることがわかった。

1　南アメリカ大陸南端の群島。
2　スペイン生まれの神学者・詩人ジョセフ・ブランコ・ホワイト（一七七五～一八四一）作のソネットの一節。

偶像崇拝から十字架にかけられた神の子キリストにおける魂の解放に至るまで、精神的な発達のすべての段階を熟知しているからだ。このような洞察や経験は、神の子供たちである信者すべてに授けられるものではない。そして最後の最後に呼び出されたぼくらには、こんなにも長いあいだ暗闇の中にいたことによるすべての損失を取り返す特権がある。

キリスト教国を正しく評価するには、何よりもまず、純然たるキリスト教と、教授たちによって装飾を施され、教義化されたキリスト教を区別することが肝心だ。今どき正気の人でキリスト教そのものを悪く言う人は一人もいないと思う。懐疑的な文献は手に入るかぎり読んでみた。その結果、ナザレのイエスは名指しでさんざん激しい攻撃を受けてきたが、今でもまったく無傷のままだ、という結論に達した。キリスト教が今ぼくが信じているとおりのものだとしたら、ヒマラヤ山脈同様、まったく揺るぎない確固たるものである。

キリスト教を攻撃する者は、それによって自分の不利を招いている。愚か者以外に誰が岩に向かって突進するだろうか？　たしかに、キリスト教だと思いこんでいるものに向かって突進する者もいる。だがそれは、じつはキリスト教ではなく、一部の不誠実な信徒によってその上に建てられた建物にすぎない。彼らは岩だけでは長い歳月による傷みや消耗に耐えられないと考え、礼拝堂、大聖堂、教会、教義、三十九か条[3]、その他の可燃性の構造物で覆ったのだ。そしてこの世の一部の愚か者が、それらが燃えることを知って火をつけ、大火事になったのを喜び、炎の中で岩も燃え尽きたものと思いこむ。見よ、岩はそこにあるぞ。「時の廃墟の上にそびえ立っている[4]」

しかし、何がキリスト教なのか？　聖書そのものがキリスト教なわけではない。もちろん、聖書にはキリスト教の多くの要素、そしておそらくその本質が含まれてはいるだろう。また、教義自体もキリスト教ではありえない。それは時代の要請に応じて人々が考え出したものだ。じつのところぼくらには「何がキリスト教なのか」よりも「何がキリスト教でないか」のほうがよくわかる。

3　十六世紀に制定された英国国教会の教義で、聖職者は任命式のさい、これに同意を表明しなければならない。

4　イギリスの文筆家・外交官・言語学者ジョン・バウリング（一七九二～一八七二）の作詞による賛美歌「うつりゆく世にも（In the Cross of Christ I Glory）」からの引用。

キリスト教は真理だ、とぼくらは言う。しかしそれでは定義不可能なものを別の定義不可能なもので定義していることになる。「真理とは何か？」とローマ人ピラトやその他の不誠実な者たちが問うている。真理は生命と同様、定義するのがきわめて難しい、いや不可能なものである。この物質優先の世紀は、真理も生命も定義が不可能であるために、その両方を疑いはじめた。ビシャー[5]、トレヴィラヌス[6]、ベクラール[7]、ハクスリー、スペンサー、ヘッケル[8]はそれぞれ独自の生命の定義を持っているが、どれも不十分だ。「活動する有機体だ」と言う者もいれば、「死に抵抗する力の総和だ」と言う者もいる。しかし生命がそれ以上のものだということをぼくらは知っている。生命についての真の知識はそれを生きることによってしか得られない。メスと顕微鏡でわかるのはメカニズムだけだ。

——真理もそうだ。ぼくらは真理を守ることによってのみ、真理を理解できるようになるのだ。理屈をこねたり、些細なことにこだわったり、こじつけをしたりしていては、真理から遠ざかるばかりだ。真理はそこにある。まぎれもなく、堂々と。そしてぼくらは自らそこまで行くしかない。真理を呼び寄せることはできないのだ。真理を定義しようとするまさにその試みがぼくら自身の愚かさを示している。なぜなら無限の宇宙以外に真理を定義すなわち限定できるものはないのだから。だから真理の定義はあきらめよう。ただぼくら自身の愚かさを隠すためにも。

というわけで、次のことがわかってきた。キリスト教が定義不可能だからといって、それが存在しないことを示す証拠にはならないし、むろん虚偽であることを示す証拠にもならない。キリスト教の教えに従えば従うほど、それはぼくにとって大きなものになっていく。まさにその事実が、キリスト教と無限の真理との密接な関係を示している。ぼくはキリスト教が他の宗教とまったく無関係ではないことを知っている。キ

5　マリー・フランソワ・クサヴィエ・ビシャー（一七七一～一八〇二）。フランスの解剖・生理学者。

6　ゴットフリート・ラインホルト・トレヴィラヌス（一七七六～一八三七）。ドイツの医師・博物学者。

7　ピエール・オギュスタン・ベクラール（一七八五～一八二五）。フランスの解剖学者・外科医。

8　エルンスト・ハインリッヒ・フィリップ・アウグスト・ヘッケル（一八三四～一九一九）。ドイツの動物学者。ダーウィンの進化論を支持し、個体発生は系統発生をくりかえすという生物発生原則を主張。

リスト教は「十大宗教」の一つである。ぼくらは一部の人々のように、キリスト教を唯一信仰に値する宗教に見せようとして、他のすべての宗教を貶めるようなことはしない。しかしぼくにとってキリスト教は、ぼくが知っているどんな宗教よりも、ずっとずっと大切なものだ。少なくとも、ぼくのかつての宗教よりもすばらしい。そして「比較宗教学」の授業で学んだあらゆることを吟味してみても、やはりキリスト教よりすばらしい宗教は考えられない。

「しかし、賛辞はもういい」と諸君は言う。「どこが異教よりもすばらしいのかを話してくれ」と。

異教は、キリスト教国でキリスト教だとされているものの多くと同様、道徳を教え、道徳を守ることをぼくらに説く。ぼくらに道を教え、そこを歩くことをぼくらに命じる。それ以上でも以下でもない。ジャガンナート［ヒンドゥー教の神クリシュナの異名。23頁の注1も参照］や幼児の生け贄などについては、ぼくらの言う異教から除外しておこう。それらは異教ですらないからだ。マモン［富・強欲の神］崇拝や、幼児殺し、その他キリスト教国における恐ろしい行為や迷信がキリスト教でないのと同じことである。その点について、ぼくらは異教を公正かつ寛大に判断しよう。そして、最良、最強の状態の敵を迎え撃つのだ。

ためらうことなく言おう。キリスト教も異教と同じだ。つまり、ぼくらに歩むべき道を示している。それどころか他のどの宗教よりもはっきりと、まぎれもなくそうしている。キリスト教には他の信仰によく見られる人を惑わす狐火《きつねび》や人魂《ひとだま》のような要素はまったくない。じっさい、キリスト教の一つの際立った特徴は、光と闇、生と死がはっきりと区別されているところである。しかし、誰か公正な裁判官にモーゼの十戒と仏陀の戒めを比較させても、昼と夜ほどのはっきりとした違いはすぐには見つからないだろう。仏陀、孔子、その他「異教徒」の教師によって説かれるような「人生の正しい道」を、もしもキリスト教徒が念を入れて研究すれば、それまでの自己満足が恥ずかしく思えてくるだろう。

中国人と日本人には彼ら自身の孔子の戒めを守らせるのだ。そうすればこれら二つの国は欧米のどの国よりも公正なキリスト教国になるだろう。キリスト教改宗者の中で最も優れた人々は仏教や儒教の本質的な部分をけっして捨てていない。ぼくらがキリスト教を歓迎するのは、ぼくら自身の理想により近づくのに役立つからだ。狂信者、「信仰覚醒運動家《リバイバリスト》」、見せ物好きの宣教師を喜ばせる連中だけが、かつての信仰の対象を火刑にしようと必死になる。「私はそれを廃止するためではなく、完成するために来たのだ」とキリスト自身は言っている。

ぼくらに律法を守らせるという点で、キリスト教は異教以上のものであり、異教より優れている。キリスト教は異教に生命が加わったものである。キリスト教によってのみ律法を守ることが可能になる。キリスト教は律法の魂であり、あらゆる宗教の内側から働くものだ。それは異教が悲嘆の中で手探りで探し求めてきたものである。キリスト教はぼくらに善を示すだけでなく、永遠の善である神のもとへぼくらをまっすぐに導くことによって、ぼくらを善なる者にする。ぼくらに道をあたえてくれるだけでなく命もあたえてくれる。レールをあたえてくれるだけでなく、機関車もあたえてくれる。「比較宗教学」では、これまでのところ、他の宗教の中にも同様のことをするものがあるとはぼくはまだ教わっていない。*

「救いの計画の哲学」について、哲学的知恵に心ゆくまで考えさせよう。イエスによる救済は事実として存在する。哲学であれ非哲学であれ事実を消し去ることはできない。人類の経験は、ぼくらが救われるはずのその救いについて、この世の人々のあいだにあたえられたほかの名前をまだ知らない。道徳哲学なら、じゅうぶんすぎるくらいわかっている。哲学博士なら誰でも、高い謝礼を払いさえすれば教えてくれる。だが博士に教えられなくても、盗みはいけないことくらいわかっている。しかし、多種多様な、精神的な意味での、盗むなかれ、なのだ！「わたしを仰いで、救いを得よ」〔旧約聖書「イザヤ書」四十五章二十二節〕「モーセが荒れ野で蛇を上げたように、人の子も上げられねばならない。それは、信じる者が皆、人の子によって永遠の命を得るためである」〔新約聖書「ヨハネによる福音書」三章十四、十五節〕この彼を仰ぎ見るこ

9　「マタイによる福音書」五章十七節。「わたしが来たのは律法や預言者を廃止するためだ、と思ってはならない。廃止するためではなく、完成するためである」

＊　ウィリアム・ユーアト・グラッドストン閣下〔イギリスの政治家。一八〇九～九八〕はキリスト教を次のように定義している。「確立したキリスト教的な意味におけるキリスト教とは、抽象的な教義を受け入れるようわれわれに提示するものではなく、生きている神の人格を提示するものである。われわれはその人格と、生命の合体によって結びつけられなければならない。それは罪によって神から切り離された自然状態の人間が、神と再びつながることである。そのプロセスは、教訓を教えるのではなく、定められた恵みと力を備えさせることによって新しい生命を授ける、というものだ」（「ロバート・エルズミア批判」より）

とにぼくらの救いがある。その哲学がなんであってもだ。キリスト教千九百年の歴史がぼくにそう教えている。ぼくの小さな魂も、そうだと証言できる（神に感謝）。

そしてこれこそがキリスト教なのだ。少なくともぼくにとってはそうである。神の御子の贖《あがな》いの恵みによって罪から救われること。それ以上かもしれないが、それ以下のものではありえない。ならばこれこそがキリスト教の真髄だ。教皇、司教、牧師、その他の有用無用の添えものは、キリスト教に必要な部分ではないのだ。ゆえにキリスト教は、他の何よりも信じる価値のあるものだ。真の人間はキリスト教がなければ生きていけない。キリスト教がなければ安らぎを得ることもできない。

ウェブスターの辞書は「キリスト教国（Christendom）」を次のように定義している。「キリスト教が普及している世界の地域、またはキリスト教の制度下で統治されている地域。異教国あるいはイスラム教国と区別される」ウェブスターは、キリスト教国を完璧な天使の国だとは言っていない。キリスト教国とはキリスト教が普及している、あるいはキリスト教が大多数の人々から人生の指針と考えられている地域のことである。どの国でも実践道徳を決めるのは信仰と信仰者という二つの要素だ。気性の荒いサクソン人、海賊のスカンジナビア人、快楽を愛するフランス人たちは、ナザレの神の人の教えによってこの世で自分を制御しようとしている――それはぼくらがキリスト教国で目にすることである。だから彼らの不作法な行いをキリスト教のせいにしてはいけない。むしろ彼らのような虎を抑えこむその力を賞賛すべきなのだ。

彼らにキリスト教がなかったらどうだろう？　彼らの略奪行為を制し、正義と寛容に向けさせる教皇レオ[10]のような人々がいなかったらどうだろう？　そのとき仏教や儒教は、慢性消化不良――すなわち怠惰、無味乾燥、動物的生き方への逆戻り、永遠の破滅――に対するアポリナリス水のような役割を果たすだろう。拝金主義、酒の密売、ルイジアナの宝くじ[11]、その他の大罪の極悪非道に対抗して、「戦う教会[12]」が戦闘配置についているからこそ、キリスト教国は今すぐ破滅と死に陥らずにすんでいるのである。長老派牧師の息子でロバート・インガソル[13]という不可知論者は、国内の教会を全

10　ローマ教皇レオ一世（三九〇〜四六一、在位四四〇〜四六一）。カトリック教会、正教会、聖公会などでは聖人。四五二年、フン王アッティラを説得してイタリアから退却させ、四五五年、バンダルのローマ市略奪では市民殺戮とローマ市炎上を防いだ。

部劇場に変えてしまったほうがいいと発言した。そんなことを言ったのは、自分の国はそんな助言にはけっして従わないだろうと確信していたからだ。キリスト教国の「獣性」についてぼくらがなんと言おうと、その病そのものが、キリスト教国を生かしている生命力の証拠ではないのか?

そして、最大の光をともなう最大の闇という光学的な現象に注目してみよう。影が濃ければ濃いほど、影を投げかける光は明るい。真理の一つの特徴は、悪をより悪く、善をより善くするということだ。なぜそうなのかと問うても無駄である。「持っている人は更に与えられて豊かになるが、持っていない人は持っているものまでも取り上げられる」［新約聖書「マタイによる福音書」十三章十二節］――道徳においても、経済においてもそうなのだ。蠟を溶かすその同じ太陽が土を硬くする。キリスト教がすべての人を照らす光なら、善と同様に悪をも進展させるとしても、驚くにはあたらない。ゆえに、ぼくらはキリスト教国に最悪の悪があることを予期して当然なのかもしれない。

人口五百万のニューヨーク州では人口四千万の日本よりも殺人犯が多いそうである。グラント将軍[14]は日本を観察して、貧しい人々の数と惨状は、自国合衆国で目にした状況に比べればなんでもない、と語っている。ロンドンは貧民の多さで有名だ。キリスト教国は全般的に博打《ばくち》と飲酒の習慣で知られている。これらの人々の欲求を満たすアルコール飲料の中には、わが国の酒飲みなら、ちょっと飲みすぎただけで目が回るほど強力なものもある。キリスト教国の一部の大都市の、まともな人間なら誰も覗いてみようとも思わない裏通りでは、どの言語で、どんなに控えめに言っても、きわめて

11　十九世紀半ばのアメリカでは、宝くじを含むギャンブルの運営組織による不正が次々に発覚し、ピューリタンの多い地域を中心に、宝くじとギャンブルを敵視する動きが広がった。十九世紀後半にはほぼすべての州で宝くじとギャンブルは禁止された。ギャンブルが盛んだったルイジアナ州は最後まで抵抗し、宝くじの存続を画策するグループが南米ホンジュラスを拠点に宝くじの発売を企てるが、宝くじの輸出入を禁じる連邦法が制定され、ついに廃止を余儀なくされた。

12　この世で悪と戦う地上の教会とキリスト教徒たち。

13　ロバート・インガソル（一八三三〜九九）。アメリカの法律家・不可知論者。キリスト教信仰の不合理性を批判した。

14　ユリシーズ・シンプソン・グラント（一八二二〜八五）。アメリカの軍人。第十八代大統領。南北戦争時の北軍総司令官。一八七九年（明治十二）訪日。

下劣な言葉でしか言いあらわせないような光景がくりひろげられている。恥知らずな博打、白昼堂々の略奪行為、自分の勢力拡大のため冷酷にも他人を犠牲にするという行為が、事業のごとく大々的に行われている。異教徒を哀れみの目で眺め、キリスト教文明という神の恵みを誇りにする諸君には、公正な目で次の話を読んでもらいたい。キリスト教国の慈善家の一人から聞かされた話である。

キリスト教諸国の中で最もキリスト教国らしい国の首都の郊外に、ある夫婦がひっそりと暮らしていた。見たところ、この世の幸福を楽しんでいるようだった。そんなよい暮らしができる理由は、ずっと二人だけの秘密だった。しかし、一つ奇妙なことがあった。家には竈《かまど》があったのだが、その外観からして二人分の食事を作るにしてはあまりにも大きすぎた。煙突は夜の静寂《しじま》の中で遅くまで煙を吐いていた。みんな寝静まって、誰も食事などしていない時間である。奇妙な小さな家は、街の勇気ある婦人の注意を引いた。彼女は女らしい鋭い直感ときわめて実際的な気転を働かせて、この世の暗黒面に踏みこんでいった。そしてこの家をひそかに、注意深く調べた。つぎつぎに証拠が手に入り、もはや思い過ごしとは考えられなくなった。ある暗い夜、彼女はしかるべき当局の人々とその家に踏みこんだ。怪しいのは竈だった。彼らは竈を開けた。そこで見つけたものは何か？　老人を慰める無煙炭の残り火か？　ちがう。恐怖の中の恐怖！　そこには人間らしきものが見えた！　柔らかな赤ん坊が焼かれていたのだ！　焼くための代金は一体につき二ドル！　夫婦は誰にも邪魔されずに二十年にわたってこの商売を続けていた！　しかもそれでかなりの財産をこしらえていた！　なんのためにこんな恐ろしいことを？　不運な子をこの世に産み出した恥を隠し、消し去るためだ！　街は父の知れない子であふれている。だから老夫婦の商売も大繁盛だ！　そして語り手はこう続けた。「そのかわいそうな者たちの中に＊＊＊の落とし胤《だね》がいたとしても、私は驚かない」（なんとも破廉恥なことである）！

キリスト教国にもモロク[15]崇拝があるのだ！　インドの神話をすべて調べあげ、頭の中でジャガンナートの恐怖を思い描くまでもない。異教徒アンモン人[16]は明確な宗教的な目的で乳児を生け贄にした。ところが、これらの魔女のような夫婦には、「一体に

15　セム族の神。子供を人身御供にして祭ったという。
16　古代セム系の民族。旧約聖書では「アンモンの子」と呼ばれ、ロトの次男のベニアンミの子孫とされている（「創世記」十九章三十八節）。

つき二ドル」という目的しかないのである。疑いなく、諸君の「すぐ近くに異教徒はいる」。海外を旅したことのあるわが国同胞の中には「キリスト教国は獣じみた国だ」と報告する者もいるが、彼らは暗い半面しか見ていない。それはたしかに不公平な見方だが、言われているような獣じみたところについては、彼らの受けた印象は正しい。獣じみているという点でも、異教国はキリスト教国に太刀打ちできない。

しかし、キリスト教国の悪がそれほどまでに悪だとしても、善はどれほど善であることか！ 異教国の隅から隅まで探してみて、人類の歴史を飾るジョン・ハワード〔147頁の注16参照〕のような人物を一人でも見つけられるかどうか、確かめてみるといい。第一章で述べたように、ぼくの父は深い学識を持った儒学者で、古代中国の賢人に強い賞賛の念を抱いている。その父が一度ならずぼくにこう語っていた。自分がジョージ・ワシントンについて知っていることから判断するに、孔子が口を極めて絶賛した尭《ぎょう》や舜《しゅん》といった帝王は、このアメリカの解放者に比べれば、何ほどのこともない、と。

ワシントンについては父よりよく知っているぼくは、父の「歴史批評」を全面的に支持できる。英雄的行為と心優しさ、有能さと目的の公平無私、宗教的信念における常識と熱意といった組み合わせは、オリヴァー・クロムウェルのそれと同様に、非キリスト教的制度の下では存在を想像することができない。わが国の有力者が何百万もの資産をたくわえ、自分の「来世のため」にそれを寺社に寄付したり、貧しい人々に食べ物をあたえたりしたという話はよく聞かれる。しかし、ただ他者にあたえるためだけに資産をたくわえ、あたえることに喜びを感じるジョージ・ピーボディやスティーヴン・ジラードのような人があらわれるというのは、異教徒の中には見られない現象である。これら選ばれた少数の人間だけでなく、キリスト教国には、やむをえず姿をあらわさないが、そのような人々が広くあちこちにいるのである。彼らこそ、とくに善人と呼べる人々かもしれない——人類全体が悪をなすことに夢中になる中、善のために善を愛し、善をなすことに熱中している人々である。これらの人々は慎重に人目を避け、努力と祈りによってこの世を少しでもよくしようと、どれほど奮闘していることか。新聞で読んだだけの人々の悲惨な境遇にどれほど涙を流すことか。全人類の健康と幸福をどれほど真剣に考えていることか。そして、人間の悲惨と無知を改善する仕事にどれほど喜んで取り組んでいることか。

——これらの人々に直接会い、この目で見たぼくには、彼らすべての根底に純粋な精神が流れていることを証明できる。この静かなる人々こそ、国の危機に際して真っ先に一命をなげうって国のために尽くす人々である。彼らは、異教国での新たな伝道事業の話を聞けば、伝道に出かける宣教師に自分の鉄道運賃を提供し、自分の足で歩いて帰宅すると、自分のしたことゆえに神をたたえる。情に厚い大きな心の中で、神の慈悲のあらゆる謎を理解しているがゆえに、周囲の人すべてに対して慈悲深い。善をなす彼らには荒々しさや見境のない情熱はなく、あるのは温厚さ（gentleness）と冷静な計算だけである。じつのところ、善人なんてキリスト教国でしか見たことがない、とぼくは心から正直に言える。勇敢な人、正直な人、正義の人なら異教国にもたくさんいる。しかし善人となると、いるかどうか疑問である――ぼくが言う善人は、ある英単語一つに要約されている。他のどの言語にも同義語が存在しない語である。ジェントルマン（Gentleman）――ぼくらを形成するイエス・キリストの宗教がないところで、そのような人があらわれるのかどうか、ぼくには疑問に思える。「キリスト教徒すなわち全能の神の紳士《ジェントルマン》」――この世に類のない人、言葉では言いあらわせないほどすばらしく、高潔で、愛すべき人である。

そしてキリスト教国には、このような善人がいるだけではない。彼らがキリスト教国でも相対的に希少な存在であることを考えると、その悪人に対する力は計り知れない。これがキリスト教国のもう一つの特徴である。異教国に比べると善はより高い可能性、より強い力を持っているのだ。「友もなく名もない」ロイド・ガリソンは、人種解放運動の嚆矢《こうし》となった人である。ジョン・B・ゴフ[17]の登場で、底なしの飲酒の習慣がぐらつきはじめた。これらの人々にとって、少数派であることは敗北を意味しない。もっとも、彼らの憲法の規定では少数は敗北ということになっているようだが。

彼らは心から自分の正義を信じ、国民の良心を信じているから、絶対に国民を味方にできるという自信がある。国民は金持ちを恐れ、尊び、褒めたたえるが、善人に対しては、それ以上である。ワシントンの勇敢さよりも善良さを誇りに思う。ジェイ・グールド[18]よりもフィリップス・ブルックス〔211頁注24参照〕を誇りに思う（それどころか、とても多くの人がグールドを本当に恥ずかしいと思っている）。彼らの正義は力である。そして一グラムの正義は、一キロの富に匹敵し、たびたびそれを凌駕する。

17　アメリカの禁酒運動家。一八一七〜八六。
18　ジェイソン・〝ジェイ〟・グールド（一八三六〜九二）。アメリカの資本家・投機家。

そして国民の良心である——ここで言う国民の良心とは国全体として見た場合の国民の良心の総和のことである——平均的な良心に比べると、どれほど果てしなく高く純粋であることか！　個人としては自由気ままにやっている良心的とは言えないことに対して、彼らは国民としては強く反対するのだ。この前の南北戦争で、それまで神を冒瀆していた数多くの人々がキリスト教徒として死んだという話を聞いたことがある。この話は本当だとぼくは思う。あの戦争は主義と主義との戦いであり、名誉や不浄な金銭をめぐる戦いではなかった。彼らはキリスト教徒としての目標を掲げて進軍した。その目標とは、弱き民の解放である。歴史上そんな利他的な目標を掲げて戦争を始めた国民はいなかった。そんな戦争を始められるのはキリスト教国民以外にはいない。しかしこの戦争に加わった全員がキリスト教徒だったわけではない。——見よ、これらの人々が大統領として選ぶ人間の道徳的完全さについてどれほど細心の注意を払ったことか。大統領たる者、ただ有能なだけでなく、道徳的に立派な人間でなければならない。リシュリュー[19]やマザラン[20]のような人間では彼らの大統領にはなれない。悲しいかな、そんな哀れな候補者は、他の点では最適の統治者だが、一つか二つの汚点が人格の傷となり、落選してしまう。

異教国では通常、道徳は政治家の資格には含まれない。モルモン教徒はなぜあれほど厳しく追及されるのか？　この「一種の秘教」の内縁関係や一夫多妻は、一般の人々のあいだでも事実上行われていることではないか？　奇妙な矛盾だ、と諸君は言う。奇妙だが、賞賛すべき矛盾だ。国民としては一夫多妻を許すことはできない。やるならこっそりやれ、というわけである。国民の良心はまだこの種の秘密に注意を向けるほど鋭敏ではない。しかし、一夫多妻が国の法律の保護の下で制度として容認されるとしたら、そんなことをキリスト教徒も無神論者も黙って見過ごすわけにはいかないだろう。モルモン教徒は服従しなければならない。でなければユタ[21]は、すでに多くの輝ける名誉ある星々がちりばめられた旗に、もう一つの星を加えることはないであろう。

19　アルマン・ジャン・デュ・プレシー・ド・リシュリュー（一五八五〜一六四二）。フランスの政治家・枢機卿。国王ルイ十三世の宰相。プロテスタントの政治的権利を奪い、反抗的貴族を抑圧して王権の拡大を図った。

20　ジュール・マザラン（一六〇二〜六一）。イタリア生まれのフランスの政治家・枢機卿。一六四三年に宰相となる。フランス絶対王政の基礎を確立した。

あらゆる気高く尊い感情を育てるその同じ国民の良心が、卑しく恥ずべきことを食い止めている。どんな魔女も白昼の明るい光にあたることはできない。人々の中に出ていくとき、彼らは正義の衣を身にまとわなければならない。でなければ自分と同じような魔女たちによって「私刑《リンチ》」を加えられ、忘却とその天使のもとへ送られてしまうだろう。

　マモンは正義の法則に基づいて歩む。政治でも金儲けでも、正直は最善の策と信じられている。人前では妻にキスをしていた男が、家では妻を殴っている。賭博場はビリヤード場という名で通っているし、堕落した天使たちでさえ「淑女《レイディーズ》」の名で通っている。酒場はすべて外から見えないように隠されていて、人々は暗闇の中で飲んでいる。悪習を恥じている証拠だ。どれも最悪の偽善を生むものだ、と言う人もいるだろう。それにしても、悪徳を許すのが美徳なのだろうか？　ぼくはそうは思わない。

　この善悪の区別、空を愛するヒバリと洞窟に暮らすコウモリの区別、右のヒツジと左のヤギの区別[22]――これはキリスト教徒が置かれている状態だとぼくは思う。ぼくらみんながこれから入っていこうとしている、善と悪の完全な分離の前触れだ。この地上は、美しいけれども、もともと天使の国として作られたものではない。ぼくらにどこか別の場所に行くための準備をさせる学校として作られたものだ。地上のあるべき姿を実現しようと下手な試みをして、地上が持つこの教育的意義を見失ってはいけない。

功利主義や感傷的キリスト教、そして古代ギリシャ人のようにこの世界を神々の家

21　アメリカ合衆国西部の州。一八四七年からモルモン教徒によって建設された。正式に四十五番目の州となったのは一八九六年。人口の七割以上がモルモン教信者。モルモン教は一八三〇年にジョセフ・スミスが神の啓示を受けたとして創立したキリスト教の一派。正式名称は末日聖徒イエス・キリスト教会。聖書のほかに「モルモンの書」をも聖典とする。初期には一夫多妻制を実施していたが一八九〇年に廃止。

22　「マタイによる福音書」二十五章三十一～三十四節および四十一節。「人の子は、栄光に輝いて天使たちを皆従えて来るとき、その栄光の座に着く。そして、すべての国の民がその前に集められると、羊飼いが羊と山羊を分けるように、彼らをより分け、羊を右に、山羊を左に置く。そこで、王は右側にいる人たちに言う。『さあ、わたしの父に祝福された人たち、天地創造の時からお前たちのために用意されている国を受け継ぎなさい』」「それから、王は左側にいる人たちにも言う。『呪われた者ども、わたしから離れ去り、悪魔とその手下のために用意してある永遠の火に入れ』」

だとする浅はかな考え方は、クロムウェルやその他の厳しい預言者たちの壁にぶつかるだろう。なぜならこの預言者たちはすべての人を幸福にはできないからだ。たいていの場合、功利主義者ベンサムの言う「最大多数の最大幸福」[23]とは、正義にかなった公正な政治とは正反対の状態を意味している。おそらく、この地上で最も多くの「普遍的な満足」が見つかる場所といえば、アフリカのコンゴ川やザンベジ川流域のジャングルぐらいのものだろう。そこには、魂の最高の鍛錬が可能な、ゆえに、この地上が神によって作られた本来の目的が最もよく実現される、最高の環境がある。これが完了すれば、ぼくらはみんなこの地上を離れ、ある者は永遠の至福の世界へ、ある者は永遠に至福のない世界へと旅立ち、地上そのものは、役目を終えたものとして、原始の要素へと戻るだろう。

　キリスト教国のもう一つの特徴をあげて、褒めるのは終わりにしよう。あるキリスト教の教義が、最近の生物学界で晩餐後のスピーチの話題になることが多い――その教義とは「復活」である。ルナン[24]や弟子たちが、この教義を好きなように解釈するのはかまわない。しかし、この特異な教義の実際的な重要性は、どのような傾向の「歴史学派」にも見過ごせないものである。

異教徒は概して老いるのが早い。だが、キリスト教徒は概してまったく老いというものを知らず、死そのものにさえ希望を見いだす。それはなぜか？

　八十代の人々が、まるでまだ二十代の若者のように将来の計画を立てている。ぼくら異教徒から見るとほとんど奇跡と言ってもいい驚異である。わが国では四十歳以上の人々は老年の中に含まれる。いっぽうキリスト教国では、五十歳以下の者は大きな責任を負う立場には適さないと考えられている。わが国では自分の子が成人すると親はすぐに休養や引退を考える。親孝行の教えに基づいて、怠惰な暮らしを送り、若い世代の世話になり、いたわってもらう権利をあたえられる。宣教師ジャドソン[25]は、生涯にわたる苦難の末にこう叫ぶ。もっと生きて、もっと働きたい、自分には永遠の休息が待っているのだから、と。八十四歳のヴィクトル・ユゴーでもこう言える。「私

23　イギリス功利主義の道徳観の基礎原理。最も多くの人々に最大の幸福をもたらす行為が善であるとする立場。ベンサムが用いて有名になった言葉。
24　エルネスト・ルナン（一八二三～九二）。フランスの思想家・宗教史家・文献学者。神学校に進んだが、ドイツ哲学の影響を受け、教会の伝統的聖書解釈に疑問を持つようになる。著書『イエス伝』ではキリストの神性を認めず、人間イエスの生涯を実証的に研究した。

は一時間一時間を大切にしている。この世を自分の祖国として愛しているからだ。私の仕事は始まったばかりだ。私の記念碑はまだほとんど基礎しかできていない。それがどんどん高くなっていくのをいつまでも見ていられればうれしいだろう」。それにひきかえ、中国の詩人陶淵明《とうえんめい》は酒に老年の慰めを求め、わが国の多くの人々も髪に白いものが混じりはじめるとすぐに、慌ただしい世間から身を引こうとする。神を信じない生理学は、こうしたことをすべて食生活、気候、その他の違いのせいにする。しかし、米を食べ、季節風《モンスーン》に見舞われるぼくらでも、かつての自分とは違ってくる可能性があるというまさにその事実には、生理学以外の別の説明が必要になる。

キリスト教国が進歩しているのはキリスト教のおかげだとぼくは思う。信仰、希望、博愛という三つの生命の天使は、死とその天使に挑み、それを退ける。過去千九百年間、これらがキリスト教国に影響を及ぼしてきた結果が、今のキリスト教国の姿である。

生命は、その最大の敵である死の
むなしい憎しみをあざわらう――そうだ

暴君の王座である墓の上に座り
影のような敵に対する勝利を
自分の食物とする

――ブライアント[26]

キリスト教国の人々の罪は今もまだ大きいが、彼らにはそれを克服する力がある。彼らにはまだ、癒せないと思えるような悲しみはない。こんな力があるというだけでも、キリスト教を信じる価値はないだろうか？

キリスト教伝道の存在理由は？　すでに述べたと思う。それはキリスト教そのものの存在理由だ。デイヴィッド・リヴィングストン[27]は言った。「伝道の精神はわれらが

25　アドニラム・ジャドソン（一七八八～一八五〇）。ビルマ（現ミャンマー）で四十年にわたり布教活動をしたプロテスタントの宣教師。

26　ウィリアム・カレン・ブライアント（一七九四～一八七八）。アメリカの詩人・ジャーナリスト。清教徒的倫理観と自然愛とをうたった。引用は「森の聖歌（Forest Hymn）」の一節。

主の精神であり、主の宗教のまさに真髄である。どんどん広がっていく慈善活動は、キリスト教そのものだ。それが本物であることを証明するためには、ずっと広がりつづけることが必要だ」ひとたび広がることをやめると、生きることもやめてしまう。神がなぜ人類のかなりの部分を今なお異教の暗黒の中に放りっぱなしにしているのか、考えてみたことがおありだろうか？　それは、暗黒を縮小させようとするあなたがたの努力によってキリスト教信仰が生きて成長するためだとぼくは思う。依然として一億三千四百万人の異教徒がいるのだ！　まだそんなにたくさんの異教徒がいるとは、なんとありがたいことだろう。なぜならアレクサンドロス大王のようにもう征服すべき世界がないと言って嘆かなくてもすむからだ。

国内にとどまり、財布のひもを締め、異教徒に対して心を閉ざしておけと神に言われたとしたら、無用な義務から解放されたことをあなたがたは神に感謝するだろうか？　もしもキリスト教の伝道が義務であり、その遂行のためには褒美としてさらなる神の恵みと異教徒からの心温まる感謝が必要だと考えるようなら、伝道にはいっさい参加しないほうがいいだろう。神にとっても異教徒にとっても何もいいことはないからである。

「福音を告げ知らせないなら、わたしは不幸なのです」〔新約聖書「コリントの信徒への手紙一」九章十六節〕。そう言ったのは使徒パウロだ。パウロにとって最大の試練は伝道者になれないことだったのだと思う。意気軒昂たる生命を持つパウロは、広範な慈善活動すなわちキリスト教の伝道に乗り出さずにいられただろうか。ぼくらは「伝道地の困難な状況」や「異教徒の無礼な態度」を嘆いたり、その他いろいろと意気地のないことを言うよりも、自分には語るべきキリスト教がないときちんと正直に打ちあけたほうがいいとぼくは思う。

それにしても、自分の国にたくさんの異教徒がいるのに、どうして外国に宣教師を送るのか？

ご存じのように、地球は一つであり、人類は一つの大きな家族だ。愛国者は、キリスト教徒であれ、異教徒であれ、このことを否定しているようだが、ぼくが読んだキ

27　デイヴィッド・リヴィングストン（一八一三～七三）。イギリスの医師・宣教師・探検家。一八四〇年から医療伝道師としてアフリカに渡った。六六年にナイル川水源調査の探検に出発。タンガニーカ湖付近で行方不明になるが、スタンリーに救出された。奴隷貿易の廃止にも尽力。

リスト教の聖書にはそう書いてある。他者を向上させることなく自分を向上させることはできない。異教に取り囲まれた真ん中にある完全なるキリスト教国という発想は不可能だ。諸君は他国民をキリスト教化する中で、自分自身をキリスト教化するのだ。これはじっさいの経験によってじゅうぶんに証明されている哲学だ。

かりに外国への伝道をやめ、国内での伝道に全精力を集中させたら、どうなるだろう？　改宗者が目立って増え、ウイスキーの呪いから解放される家庭が増え、ちゃんとした服を着た子供が増えることは疑いない。しかし、そのいっぽうで何があるだろうか？　異端狩りが増え、宗派間の陰口が増え、それとともにおそらく日曜学校の遠足が増え、教会での「日本人の結婚」[28]が増える。千九百年以上にわたってキリスト教を保持してきたあなたがたは、一方に善がなされたら、他方になすべき善は少なくなるという愚かで異教的な考えをすでに捨てているだろう。――外側の成長はつねに内なる成長を意味している。何か体内のだるさに悩まされ、医者に行くと、いんちきな薬を山ほど処方される。服《の》んでもちっともよくならず、医者を信用できなくなる。そしてついに、体調不良の真相に行きつく。注意を内から外に向ける。つまり、自分のことを忘れて外に出て、たとえばキャベツを栽培したりする。すると楽に呼吸ができるようになり、上腕二頭筋が少しずつ大きく硬くなっていく。しだいにだるさが消えていくのを感じ、今では以前より頑健になっている。無意識のうちに自分を癒したのである。キャベツに身を捧げ、キャベツに癒されたのだ。

教会も同じだ。異端狩りで不要な部分を取り除き、新たな神学を処方しても、けっして癒されることはないだろう。いや、逆にもっとひどくなるかもしれない。そして今、何人かの賢人が外国への伝道を「処方」する。教会は外国伝道にかかわり、すぐに熱心に取り組むようになる。全世界を思いやりの対象とし、そうすることによって自己が拡大していくのを感じる。こうして生まれた新たな思いやりは、異端審問や新神学という治療によって眠っていたかつての思いやりを呼び覚ます。自分に自分を捧げることでは自分の内に復活させることができなかったものが、自分を自分以外のものに捧げることで自分に戻ってくるのを今まさに目にしている。諸君は異教徒を改宗させ、今度は異教徒が諸君をふたたび改宗させる。それが人間というものだ。諸君は全人類とそれだけ密接につながっている。異教徒を憐れむ？　悲惨な境遇にある自分

28　未詳。日本人移民のことか。

の兄弟を憐れむだろうか？　その兄弟に対して罪悪感を覚え、彼が悲惨な境遇にあることで自分を責めるのではないか？　これこそキリスト教伝道の真の哲学だとぼくは思う。これ以外のものに基づいて始められた伝道は、見せ物であり、遊びだ。敵から批判され、派遣された先の当の異教徒たちからは無視されるだけである。

だが諸君は尋ねる。君たち異教徒はキリスト教を信じたいのか？

そうだ。ぼくら賢明な異教徒はキリスト教を信じたいと思っている。

賢明でない者たちは宣教師に石を投げたり、その他の嫌がらせをしたりするが、彼らは賢明さを取り戻したとたん、自分の間違いに気づくだろう。言うまでもなく、ぼくらはキリスト教の名の下にやってくる多くのものが好きではない。正餐《ホスチア》のパン、白い法衣《サープリス》、押しつけられる祈禱書や神学といったものは、ぼくらの今の精神発達の状態からしてキリスト教そのものを伝えるのに絶対必要なものでないのなら、ぜひともご勘弁願いたいものである。

アメリカ教やイギリス教をキリスト教として押しつけられるのもいやだ。ぼくらのうちの誰もキリストその人に石を投げたりしていないことを、ぼくは願っている。もしもキリストに石を投げたとしたら、全能の玉座そのものに石を投げたことになり、ぼくらは真理そのものに厳しく責められるだろう。しかし、キリストの名の下に自分たちの考え方——彼らはそれを神学と呼ぶ——や、「自由な結婚」「女性の権利」その他多かれ少なかれぼくらにとって好ましくない風俗習慣を教える宣教師たちに石を投げても、ぼくら異教徒を非難してはならない。ぼくらがそうするのは自己保存のためである。諸君はカトリック主義[29]には寛容なのにロ・ー・マ・カトリック[30]には寛容でなく、ピウス[31]やレオといった教皇たちが学校や公共の事柄に干渉すると、説教壇での演説や新聞の社説で真っ向から猛反発するのだから、アメリカ主義、イギリス主義その他の外国主義に抗議するぼくらにも共感すべきであろう。

そしてぼくらのところに来るときには、しっかりとした常識を持って来てもらいたい。あそこの国民なら一日で改宗させられる、などと言う伝道サーカスの連中の言葉

29　カトリシズムとも。「普遍的・全体的」という原義から、教会の普遍性・一体性を意味する言葉。ローマ・カトリックだけを意味する言葉ではない。
30　ローマ教皇を最高統治者とする世界最大のキリスト教会およびその宗教的制度・教義など。
31　ローマ教皇ピウス九世（一七九二～一八七八、在位一八四六～七八）。自由主義、社会主義、自然主義を非難し、教皇の不謬性を宣言した。

を信じてはいけない。この地上では精神の黄金郷《エルドラド》などどこに行っても見つけられない。何十人、何百人の単位で改宗させられる魂などどこにもないのだ。ここもあそこも同じ実際的な世界である。ここでも別のどこかでも人は疑い、偽り、つまずくのだ。ぼくの知っている何人かの宣教師は、まるでぼくらが自分と同じ国の人間であるかのように説教をする。どうやら彼らは、アメリカ人やイギリス人に対してはひじょうにうまくいっているムーディ＝サンキー方式[32]が、日本人や中国人にも同じように通用すると思っているらしい。しかしよくご存じのように日本人も中国人もアメリカ人ではない。みんな子供の頃に「主はわが羊飼い[33]」「身を横たえて[34]」といった天使のような歌を聴かされて育ったわけではないのだ。彼らは銅鑼《どら》の音にもエスティ社製パイプオルガンの音色と同じ喜びを感じる。彼らは「異教徒」なのだから、それに応じて物事を教えなくてはならない。しかし、異教徒にキリストの道を説き、一人に一冊ずつ新約聖書を渡し、洗礼を受けるよう説得し、教会員名簿に名前を載せ、本国の教会に報告して、これでよし、みんなどうにかして天国に行けるだろう、と思っている宣教師がいる。ひょっとしたら天国に行けるかもしれないし、ひょっとしたら行けないかもしれない。アダムの昔から誰もが抱える罪を犯しがちな傾向はもちろんのこと、異教徒としての遺伝的な影響、精神的な特質、社会的な環境は、彼らが初めて聞く不思議な教義とは容易になじまないものである。ぼくらは神なき科学を軽蔑するが、科学なき福音もあまり高く評価しない。信仰は常識と完全に両立できるとぼくは信じている。そして、熱意ある成功した宣教師たちは誰もがこのような感覚を豊かに持っていた。

ぼくらのところに来るのなら、自分の魂の中から悪魔を追い出してから来てもらいたい。ご存じのように、ジョン・バニヤンは、悪魔と戦った経験がほとんどない牧師先生のことを語っている。バニヤンの魂を癒すことができなかったこの牧師先生のような人にはぼくら異教徒を癒すこともできない。「生まれながらのキリスト教徒」で、改宗について「人から聞いた話」でしか聞いたことがないという人は、闇から光への死闘をくりひろげるぼくらには、あまり助けにならない。ぼくの知っているアメリカ

32　アメリカとイギリスの大衆伝道に活躍した二人組。ドワイト・ライマン・ムーディ（一八三七〜九九）はアメリカの伝道師。アイラ・ディヴィッド・サンキー（一八四〇〜一九〇八）はアメリカの福音歌手・作曲家・伝道師。

33　イングランドの聖職者フランシス・ラウス（一五七九〜一六五九）の作詞による賛美歌。

34　作者不詳。

のクエーカー教徒の教授は、ぼくがキリストを目指す戦いにおいて克服しなければならなかった疑念や困難について語ったとき、どうしてそんなことになったのかよくわからない、と答えた。キリスト教はとても単純なものであり、「愛（L-O-V-E）」というわずか一音節の中に収まるものだ、と彼は考えていたのである。わずか一音節に収まっても、宇宙そのものには収まりきらない！　なんとうらやましい人だろう。彼の先祖たちが彼の代わりにすべての戦いを戦いきってしまったのだ。苦闘を知らずにこの世に生まれてきた、出来合いのキリスト教徒である。大金持ちの息子にはたたき上げの人の苦悩や奮闘は理解できない。同様にこの教授や同じようなキリスト教国の多くの人々には、ぼくら異教徒が「愛」の一音節の中に静かに落ち着くまでに、魂の中で戦い、どのような問題に決着をつけなければならないか、理解できないのである。ぼくは彼のような人には、教授として自分の国にとどまって、ぼくらのところには宣教師としてやってこないように忠告する。ぼくらは複雑でひねくれているので、きっと彼らはまごつくだろう。彼らの単純さとまっすぐさにぼくらがまごつくのと同じように。じっさい、ぼくらの中でもキリスト教に真剣に接した経験を持つ者たちは、キリスト教がまったくおおらかで、楽しいわが家のような、すべての人に平安をもたらす、というようなものではないことを知っている。ぼくらの知っているキリスト教は、詩人ブライアントの「自由」に似ている。

髭の男
寸分の隙もなく武器に身を固めている。鎖籠手《くさりごて》をつけた片手は
大きな盾をつかみ、もう片方の手は剣をつかむ。おまえの額は
美しく輝いているが、傷跡がある。
昔の戦いの印だ。おまえの巨大な四肢は
戦いのゆえにたくましい。

ぼくらは『天路歴程』の真価を理解できる。しかしハッピー・ハッピー・ハネムーン式の宗教については、なんなのかよくわからない。十字架にかけられた人のキリスト教でないことはわかる。諸君はまず自分の魂の中で異教を征服せよ。そのとき初めて、ぼくらの中の異教をまさに首尾よく征服できるのだ。
たくさんの主義の中からキリスト教を選び、常識を磨き（まだ不十分かもしれない

が）、とりわけ魂の中の悪魔に打ち勝った諸君が、異教徒に大いなる善をなさない理由が、ぼくには見あたらない。異教国にはそのような宣教師がいて（神に感謝）、さらに多くの宣教師を求めている。ぼくらはじきに彼らを外国人だとは思わなくなる。ぼくらの言語がわからなくても、なんの障害にもならない。キリスト教は彼らのまさにその瞳の中にある。ぼくらはそれを彼らとの握手の中に感じる。ああ、彼らはぼくらの中でなんと輝いていることか！　彼らがいるだけで闇は一掃される。説教などする必要はない。ぼくらが彼らの代わりに説教をする。ぼくらを後ろから支えてくれればいい。むしろそんな人が一人いてくれたほうが、何十人、何百人もの宣教冒険家や実験家よりも望ましい。「大天使もうらやむ仕事――異教徒にキリストの道を説く仕事」大天使以外の誰がこのうらやむべき仕事に従事できるだろうか？

たしかに、ぼくらはキリスト教を必要としている。だが木や石の偶像を破壊するためなら、さほど必要ではない。それらは異教国その他で崇拝されている他の偶像に比べれば、罪のないものだ。ぼくらがキリスト教を必要としているのは、悪をより悪に、善をより善に見えるようにするためである。キリスト教だけがぼくらに罪を確信させることができる。罪を確信させることによって、ぼくらが罪を超越し、征服する手助けをすることができる。ぼくはいつも、異教とは人間の微温的状態だと考えている——あまり温かくもないし、あまり冷たくもない。無気力な生命は弱い生命である。苦痛をあまり感じないので、喜びもあまり感じない。「深き淵より《デ・プロフンディス》[35]」は異教のものではない。ぼくらがキリスト教を必要としているのは、強くなるためだ。われらの神への忠誠と、悪魔への対抗を誓うためだ。蝶々の人生ではなく、鷲の人生だ。ピンクのバラのちっぽけな完全ではなく、オークの木のたくましい強さだ。子供時代には異教でじゅうぶんだが、大人にはキリスト教でなければならない。世界は成長し、ぼくらも世界とともに成長している。キリスト教はぼくらすべてにとって必要不可欠なものになりつつある。

帰路は五十日間の航海だった。南十字星の下を進んでいたとき、真の十字架が立ち、偽の十字架が倒れるのが見えた。だが、もうすぐ愛する人々と再会できるのをぼくが喜んでいたと思うか？　たしかに、兵士が敵と遭遇して征服する夢を見て喜ぶという意味では喜んでいた。ぼくは神に見いだされた。神はぼくに覚悟を決めさせた。そし

35　「詩編」百三十編一節「深い淵の底から、主よ、あなたを呼びます」

て、ぼくが望まない場所へ連れていくことをほのめかした。ぼくは自分の小さな国での戦いを命じられ、ノーとは答えられなかった。ああ、ぼくは苦闘しながら神を求め、ついに見つけた。そして、すぐさま神の戦場へ行くよう命じられた。これは武士の家に生まれた者の宿命だ。文句は言うまい。ただ感謝するのみ。

五月十六日正午　晴れ。午後、もや。午前十時頃、ぼくの国が見えてきた。きのうの正午から五百キロあまり進んだ。後およそ百十キロで故国だ。――創世記第三十二章を読む。この数年に及ぶ外国生活で、自分には、神が示したあらゆる慈悲をまったく受ける価値がないという考えに大いに慰められる。神の恵みは人生の悲しい経験によって生じた空白を埋めるものだからだ。ぼくは知っている。ぼくの人生は神に導かれていることを。ぼくは今、恐ろしさのあまり震えながら故国に向かっているけれど、災いを恐れはしない。これからも神は自分の姿をぼくにより多く示してくれるからだ。

今は午前零時。帰宅したのは午後九時半だった。およそ三万七千キロの旅の末についに到着した。家族全員の喜び限りなし。きっと憐れな両親にとっては人生で最も幸福な時だっただろう。弟も妹も大きくなっていた。弟は活発な少年に、妹はとてもかわいい娘になっていた。一晩中、父と語り明かす。母は世界のことを知りたがらない。ただ息子が無事に帰ってきたことを喜んでいる。ぼくがいないあいだ、家族全員を守ってくれたことを神に感謝する。父と無事に再会でき、自分が見聞したことを話せる日が来ることを、ずっと祈っていたのだ。

　ヤコブは祈った。「わたしの父アブラハムの神、わたしの父イサクの神、主よ、あなたはわたしにこう言われました『あなたは生まれ故郷に帰りなさい。わたしはあなたに幸いを与える』と。わたしは、あなたが僕《しもべ》に示してくださったすべての慈《いつく》しみとまことを受けるに足りない者です。かつてわたしは、一本の杖を頼りにこのヨルダン川を渡りましたが、今は二組の陣営を持つまでになりました。
（「創世記」三十二章十、十一節）

　これが主が栄誉を授けようとする者の状態だ。ヤコブはそれまで追い求め、祈り求めてきたすべてのもの、つまりレアとラケル[36]、子供、羊をハランで手に入れた。神の貧しい僕《しもべ》であるぼくもまた、自分がそれまで追い求め、祈り求めてきたすべてのものをキリスト教国で手に入れた。もちろんヤコブが恵まれたようなものではない。それどころか、そういう面ではかなりひどい状態で、海と陸合わせて三万七千キロを渡って帰ってきたときには、ポケットには七十五セントしか残っていなかった。ぼくが持ち帰った知的資本も、ぼくと同じような年齢、境遇の同胞たちが通常持ち帰るものに比べたら、わずかばかりのものだった。科学、医学、哲学、神学——旅行鞄の中のこれらの学位証書はどれも、お土産ほどは両親を喜ばせなかった。しかし、ぼくは自分が望んだものを手に入れていた。「ユダヤ人にはつまずかせるもの、異邦人には愚かなもの」［新約聖書「コリントの信徒への手紙一」一章二十三節］であるキリスト［原文伏せ字］までも手に入れたのだ。たしかにキリスト教国では期待していたような形ではそれを見つけることはできなかった。通りで拾ったわけではないし、教会や神学校でも見つからなかった。さまざまな、好ましくない形ではあったが、それでも手に入れることができて、ぼくは満足だった。だからこれは、喜ばれようが、喜ばれまいが、ぼくからの親や同胞への贈り物だ。これは人の心の希望であり、人々の生命だ。人類の歴史において、どんな哲学も神学もそれに取って代わることはできない。「わたしは福音を恥としない。福音は、ユダヤ人をはじめ、ギリシア人にも、信じる者

すべてに救いをもたらす神の力だからです」〔新約聖書「ローマの信徒への手紙」一章十六節〕

わが家についたのは夜遅くだった。丘の上に、杉の垣根に囲まれて、ぼくの父の小さな家が建っていた。「お母さん」。ぼくは大きな声で言いながら門を開けた。「ただいま戻りました」。そのやせた姿は、さらに多くの苦労の跡が刻まれていたが、それでもなんと美しかったことか！　デラウェアの友人が選んだ美人には見いだせなかった理想の美を、ぼくは母の聖なる姿に再度見いだしたのである。そして父は、この広い地球の上に百坪の土地を所有している。――その父もまたまさに英雄であり、正義と忍耐の人である。ここにこそ、ぼくが自分の場所と呼べる場所がある。ぼくはそれによってこの国と大地につながっている。ここはぼくの故郷であり戦場でもある。ぼくの奉仕と祈りと人生が自由に捧げられる土地である。

帰ってきた翌日、あるキリスト教の大学の校長にならないかという誘いを受けた。異教徒が設立した大学だという。世界の歴史上まれに見る奇妙な学校である。受ける

36　旧約聖書「創世記」に登場するイスラエル民族の祖ヤコブの妻となる姉妹。

べきだろうか？

だがここで本書は終わりにしなければならない。ぼくがどのようにしてキリスト教徒になったかを語ってきた。ぼくの人生が波瀾に富んだものとなり、読者がぼくの語り方に退屈していなければ、もう一冊このような本を出すことになるだろう。題名は『ぼくはいかにしてキリスト教徒として働いたか？』

終

解説

橋爪　大三郎
（社会学者）

内村鑑三は、明治を代表する「基督教知識人」として著名である。が、内村が実際に何を考えていたのか、現代の人びとに広く知られているとは言えない。遠く世紀を隔てた、彼方《かなた》のひとになってしまっている。

内村鑑三の自叙伝として有名なのは、『余は如何にして基督信徒となりし乎』だろう。元は英文で著され、それが訳出されて、日本の読者にも迎えられた。キリスト者としての内村の内面が正直にのべられている、と評価されている。今回、本書が自然な現代日本語に新訳され、『ぼくはいかにしてキリスト教徒になったか』に生まれ変わって、より若い世代の人びとの手に届くことになったのは喜ばしい。

本書をじっくり読めば、明治の特異な知識人としての、いやむしろ、国際的な文脈のなかで異彩を放つ存在としての、内村鑑三の実像に迫ることができる。

＊

読みやすい現代日本語になったとしても、本書から内村鑑三の知的世界を再構成するのはそうすんなりとはいかない。そのための補助線をいくつか引いて、解説のつとめを果たすとしよう。

本書は、誕生→学校と入信→東京での活動→アメリカ留学→帰国、を時系列に扱う。内村は日記をつけていたようで、それをもとに、その時々を振り返り、感想や考察を書き加えていくという構成となっている。

最初のポイントは、本書が「いかにして」キリスト者となったかをのべるものであり、「なぜ」キリスト者になったかをのべるものでない、という点。このことは内村が、緒言でのべる通りである。この点は重要だ。「なぜ」入信したかを、語らない。もしも語れば、自己の信仰を正当化し、そのほかの信仰を斥《しりぞ》ける、神学的な弁証の長大な書物となる。それを避けようとした。あるいは、うがって言えば、最も核心となる人格の深部に届くように言葉をのべることを控え、隠そうとしているのかもしれない。

それはともかく、「いかにして」キリスト者となったかは、自分史のように時系列に従って進む。内村家は、武士の家系であった。武士は、江戸時代には支配階層であり、人間を判断する場合のもっとも重要なカテゴリーであった。そして明治になってからも、人びとはこのことを意識し続けたのである。

内村は、まず、武士としての教育（漢学の手ほどき）を受ける。それから、西洋の学問を学ぶ。そして通った札幌農学校で、同級生らと共に受洗して、キリスト者となる。その経緯は、詳細にのべられていないが、集団的である、若い学生である、教師が外国人宣教師である、という点からみて、信仰を個々人が選ぶというよりも、植民地などにありがちな若者の集団入信、宣教師を通じての西洋文明への帰依《きえ》、といった現象だとみてとることができる。

漢学（儒学）を学ぶ場合と、西洋近代の学問を学ぶ場合とでは、異なる点がある。儒学は、伝統社会（家制度）と融合しており、これを学んだからといって、家から出ていくことはない。自分の運命が変わるわけではない。それに対して西洋近代の学問を学ぶなら、実家を離れて、新しい施設である学校で学び、都会へ出て、それを活かした新しい職業に就くことになる。学問を学ぶことによって、自分の人生が開かれたものとなり、これまでの径路を離れて一個人としての人生を送ることになるのが、学校教育なのである。

青年たちは新時代の教育を受け、家を飛び出し、あるいは家から距離を置き、自分の人生を切り開かなければならなかった。多くの「煩悶青年」が現れた。それは、学んだ内容（頭のなかみ）と日本の現実とのギャップを埋める方法がなく、自分がいかなる存在であるのかのイメージを描けなかったからである。内村鑑三の場合も、このストレスはさぞかし大きなものがあったろう。内村の場合に特異なのは、彼が人一倍強固な倫理性をそなえていて、キリスト教を内面に置いたまま自分の人格の一貫性を保持しようと全力を傾けたこと。そして、家族をキリスト教に入信させることによって、この矛盾を解消しようと試みて成功したこと、である。このようなケースは、決して多くなかったと思われる。

内村がこのように、高い倫理性と、人格的一貫性を保ち続け、キリスト者であることを選び続け、明治から大正にかけての日本近代に、くっきりした軌跡を描いたこと、信仰者としてだけでなく思想家やジャーナリストとしても幅広い活動をしたことは、彼個人の履歴を越えて、日本近代の忘れられない一ページとなっている。

＊

第二のポイントは、内村がキリスト教を、自分の精神世界の全体のなかで、どのようなものと位置づけていたかという点。

西欧の知識人は、専門知（医師であるとか、法律家であるとか、技術者であるとか、…。）と信仰をどのように折り合わせているか。一九世紀は世俗化が進んだ時代で、信仰をもたない人びとも増えていた。それでも精神世界のなかに「信仰の場所」とでも言うべきものが用意されており、信仰をもつ者は信仰と専門知を、ひとつの人格のなかに統合していた。信仰をもたない者は、その場所を空白にしつつも、そこに世界観や哲学（たとえば進化論）や良心を代入して、知的世界を形成していた。そして信仰をもつ者ももたない者も、ある意味、似通った思考と行動をとるのであった。

これに対して、明治の知識人はどう身を処したか。儒教の古典を読み、家を大切にし、文明の新知識を吸収し、日本国の隆盛に献身する。西欧世界とわたり合うために、専門知は不可欠である。専門知を支える、キリスト教信仰にあたる場所に、規範的な精神を充塡している必要がある。国家神道はゆくゆく、その役割を果たしていく。日本の知識人はその場所に、ほんとうにキリスト教を置いた場合、それを日本社会の倫理や行動規準とどう折り合わせていくかという問題を背負う。西欧の知識人は、キリスト教の信仰をもつならほぼ自動的に、政治・経済・社会・文化に対してどう考え行動するかの、レディメードの規準を与えられる。信仰をもって生きていくのになんの差し障りもない。それに対して、日本の知識人がキリスト者となった場合は、信仰をもって日本社会をどのように生きていくのか、手さぐりで道をみつけていかなければならない。

内村鑑三は、こうしたキリスト者の第一世代であったから、日本語で利用できる手引きとなる文献が少なかった。そのため、英語をはじめとする外国語の文献を読み、それが日本の実情にあてはまるよう、創造的に解釈しなければならなかった。

＊

第三のポイントは、キリスト教のさまざまな宗派と、内村鑑三が接触している点。プロテスタントは、カトリック教会から分離したけれども、一枚岩でなく、いくつもの教会に分かれている。それは、聖書の解釈や神学的立場が異なるからで、新しい問題が持ち上がって解釈が異なると、教会が分かれてしまう。異なる教会でも、解釈や立場が近い場合には、合同してひとつの教会になる場合もある。要するに、キリスト教のさまざまな教会はいつも互いに解釈や立場が異なることを意識しており、ほかの教会と対立・対抗しているのである。そうした経緯に不案内な日本人は、宗派の厳しい対立に巻き込まれ、板挟みとなり、振り回されることになる。

本書のなかにもさまざまな宗派・教会が登場する。その主張は、それぞれに異なっている。異なる宗派・教会の宣教師や牧師と接する場合には、それなりに注意が必要だ。内村は、次第にそのことに気づき、自分の信仰をそれらとの関係で、どこかに位置づけなければならなくなる。その悩みと葛藤が、どのように描かれているかが、読みどころのひとつである。

本書の本文で言及されるキリスト教の宗派・教会は、つぎのようである。

これだけ多くの宗派・教会が言及されているが、片寄りもある。アメリカのプロテスタント教会のメイン・ライン（主流派教会）とされているのは、ルター派、メソジスト、長老派、バプティスト、の四つであるが、ルター派とバプティストに対する言及がほとんどない。内村鑑三の接触した範囲に、ルター派もバプティストもいなかったということだと思われる。これに対して、比較的多く言及されるのは、メソジストⓐ、ユニテリアンⓑ、長老派ⓒ、聖公会ⓓ。ユニテリアンは、当時アメリカで活発だった宗派で、主知主義的でリベラルで、キリスト教の枠をはみ出しつつあった。聖公会（エピスコパル）は、英国国教会から分離したアメリカの宗派で、穏健でリベラルな傾向をそなえている。

本書では二つの局面で、これらの宗派・教会が、内村の精神世界に影を落としているとみえる。第一の局面は、内村が日本でキリスト者として教会活動をしている時期。そこでの対立軸は、メソジストⓐ 対 聖公会ⓓ。日本で宣教していた複数の宗派・教会のあいだの競合関係である。第二の局面は、内村がアメリカで大学生活を送る時期。そこでの対立軸は、正統派（メソジストⓐ、長老派ⓒ、など）対 異端派（ユニテリアンⓑ、スウェデンボルグ、など）。内村がキリスト者として自己形成するに際しての、模索のプロセスである。
これらを順に、考察してみよう。

＊

内村鑑三は札幌農学校で、外国人教師から農学を学んだ。その教師は、メソジストの宣教師で、学生たちをキリスト教の信仰に導いた。受洗した割合は、一学年の半数程度にものぼるから、外国人教師が大きな影響を及ぼしたことがわかる。学校が宣教の舞台である点も、明治初期ならではと思われる。

「ボーイズ・ビー・アンビシャス」（少年よ、大志を抱け）は、宣教師の学生に対する励ましの言葉として有名で、多くの日本人に肯定的に受け止められている。しかし私は、「ボーイズ」という呼びかけに、ひっかかりを感じる。アメリカでは黒人がよく、「ボーイ」（半人前の人間）と呼ばれた。それを屈辱に感じた彼らは、互いを「メン」（一人前の人間 =man）と呼びかけるようになった。「ボーイ」はどこか、宣教師の上から目線を感じさせる。内村鑑三は、そうした目線のもとで、キリスト者への道を歩んだ。

メソジストは、英国国教会の内部から生まれた改革運動で、信仰に生きる厳格なメソッドを重視した。アメリカに渡って拡大し、熱烈な説教で信徒を拡大し、霊的体験を強調する覚醒運動を一八世紀〜一九世紀に巻き起こしている。内村の時代は、運動のピークを過ぎていたと思われるが、それでも熱気の余韻は残っていたはずだ。

聖公会（エピスコパル）は、それがアメリカ聖公会のことだとすれば、独立戦争の当時にイギリスの聖公会（英国国教会）から分かれて、自立した教会である。英国国教会の神学を基本とするが、次第にリベラルな色彩を強め、裕福で社会的な地位ある人びとのあいだに拡がっていった。

メソジストも、聖公会も、日本にミッション（宣教者）を派遣していた。内村らのキリスト者の集団（教会）は、どちらのミッションからも資金提供を受けていた。内村らは、独立した教会をつくろうと考えたが、ミッションは、内村らの教会が自分たちから離れることに反対した。メソジストや聖公会のどちらが、信仰として優れているか、両者の教義や神学を検討した様子がない。ミッションに連なり外国の影響下に置かれることをよしとせず、とにかく独立したいという暗黙の共通了解が、内村らを導いている。その結果が、内村の自称する「独立土着教会」である。独立は、裏を返せばナショナリズムだから、キリスト教で基礎づけられはしない。ちなみに日本で、無教会派が一定の影響力をもったのは、ミッションの統制を嫌い、上から目線を撥《は》ねのけようとする、ナショナリズムの心性と合致したからではないかと思う。

こうして独立した教会は、「イエスを信じる者」という以外の内実をもたない。ミッション（外国の教会）と切れてしまえば、そこから教義や神学は供給されなくなる。内村が内に感じることになった「空虚」と「真空」（134〜135頁）は、そして内村を外国へと駆り立てた理由のわからない衝動は、こうしたキリスト信仰の内実のなさを直観的に覚知したものなのではないか。

＊

アメリカにわたった内村鑑三は、ニューイングランドを中心に、プロテスタントの影響圏の内部で思索を深める。本書は、遠いアジアから迎えられた明治の若者がみた、当時のアメリカ社会についての生き生きとした証言である。西欧社会の実像が、あこがれと幻滅とほろ苦さをもって描かれている。

アメリカでも彼は主に、メソジストの影響下にあった。そのほか、長老派や聖公会の人びととも接触している。また彼は、あらゆる「懐疑的な文献」を手当たり次第に読み漁った、とものべている（300頁）。キリスト教の信仰の輪郭を定め、自分の内面を確固とさせたいという、強い欲求をみてとることができる。

しかしアメリカのプロテスタントがさまざまな宗派・教会に分裂し、論争を繰り返し、互いに競合し対立しあうなかで、そのどれにコミットするかを決めるのは、内村の能力に余ることだった。彼は、混乱を深め、神学校に進んだあとはノイローゼになってしまう。聖書の本文をあまり読まないできた（224頁）内村は、注解書もきちんと読んでいなかったのだろう。さまざまな宗派・教会の差異を、自分の信仰の選びに直結する問題として理解することができなかったのは当然だ。そこで彼は、いかなるコミットも拒否することになる。《ユニテリアン主義、スウェデンボルグ主義、クエーカー主義など、なじみのない主義が、すでにぼくに挑んできた。哀れな異教徒からの改宗者はどれを信じてよいものやら途方に暮れる。だからぼくは、どれも受け入れないことに決めた。》（213頁）困惑した若者が、ただ耳を塞いだに等しい。ユニテリアン派以下は、正統派とは異なる主義である。内村は、正統派のキリスト者である。しかしこれら、正統派と異なる主義を受け入れない理由を、内村は自分でのべることができないのだ。

読者のために、これらの主義について、簡単に解説しよう。

ユニテリアンは、理性主義的な立場で、三位一体説を認めない。聖霊はもちろん、イエス・キリストも神（の子）であるとはしない。創造主である神だけを認める点で、ユダヤ教、イスラム教と似ている。三位一体（トリニティ）でなく一位（ユニティ）だから、ユニテリアンである。十字架もパンと葡萄酒もない。最近は神（Ｇｏｄ）という言葉すらあまり使わず、ヒンドゥー教や仏教や神道や、あらゆる信仰を認め、その信徒をメンバーに迎えている。ただし牧師がおり、教会の組織も整っている。ニュートンもユニテリアンだった、ともいわれている。理性と信仰を両立させようとし、リベラルな立場をとる。ハーバード大学はユニテリアン教会と特別なつながりがあるが、それは、ユニテリアンが自然の科学的探究を強くサポートしたからだと思われる。ユニテリアンは、キリスト教会から分かれたので、教会組織そのほかはキリスト教そのままであるが、「正統派」はユニテリアンを、キリスト教とは認めていない。奇妙なグループだと、ユニテリアンに拒否感をもつ人びとも多くいる。

内村鑑三はメソジストの牧師から洗礼を受け、正統派の信仰から出発した。正統派の人びとが書いたものを読めば、ユニテリアンによくないイメージをもつのは当然である。ところが実際にニューイングランドで、ユニテリアンの人びとに接してみると、敬虔で人間味のある信仰をもつ人びとではないかと思うようになる。220〜221頁には、ユニテリアンに好意的な記述がある。院長夫人はユニテリアンで、内村に寛容に接してくれた。内村は言う、《そのようなユニテリアン主義と両立できないような正統派信仰は、「正統派」すなわち「正しい教義」の名に値しないと、ぼくは思う。》（203〜204頁）正統派が正当であるかどうかの試金石が、ユニテリアンだという転倒が起こっている。正統派の教会は、教義（ドグマ）をもつ。ユニテリアンは、教義（ドグマ）をもつことを拒否する。ゆえに寛容なのだが、この寛容と両立する正統派信仰は論理的にありえないはずである。そのことを、内村はどう考えているのかよくわからない。

　スウェデンボルグ（スウェーデンボリ）は、スウェーデン語の発音では、スウェーデンの神秘思想家スウェーデンボリの創始した宗派で、「新しいエルサレム教会」を名のっている。スウェーデンボリは、霊感を受け、パウロが地獄に堕《お》ちているのを霊視した。そこで新約聖書のうち、パウロの書簡は聖典としない。代わりに、スウェーデンボリが霊感によって著した書物を重視する。また各人にめいめいの守護天使がおり、守護天使との良好な関係をつくることが大切だ、などと教える。イエスの十字架における死を、人類の罪を贖《あがな》う救いの出来事とし、イエスを神の子キリストとするキリスト教の正統教義は、パウロがその書簡で明らかにしたのだから、パウロを認めなければ、正統派のキリスト教ではありえない。ゆえにスウェデンボルグ派は、キリスト教系の新興宗教として扱われる。内村がアメリカに滞在した当時、スウェデンボルグ派は今よりずっと人気があり、流行していた。本書からうかがう限り、内村はこの教義を、あまり異様と思わず、単に扱いかねているように思われる。

クエーカーは、牧師をおかず十字架を用いずパンと葡萄酒の儀式を行なわず、日曜日には方形に並べたベンチに座るなどしてともに瞑想する。信徒をフレンドという。神の声を聴くなど神秘体験をえた者は、その場で会衆にそれを語る。神秘体験のゆえに集会の最中に震え出すとされ、クエーカーとあだ名された。教義上の理由で、ピューリタンらに迫害された。絶対的平和主義で非暴力のため、アメリカでは、良心的徴兵拒否を認められている。最近は、自分たちはキリスト教徒でないと言うクエーカーもいる。わが国には、普連土《フレンド》教会として根付いている。

そのほか、キリスト教系新興宗教としては、モルモン教（ジョセフ・スミスが創始した教会で、旧約聖書、新約聖書に加えて、「モルモンの書」を第三の聖書とする）、クリスチャン・サイエンス（メアリー・ベーカー・エディが創始した教会で、聖書と共に彼女の霊感の書を聖典とする）、エホバの証人（イエスは神の子でないとし、創造主エホバのみを信仰する）、アドベンチスト（土曜日の安息日に礼拝し、キリスト再臨を待望する）などがある。キリスト教、とくにプロテスタントの信仰をもつとは、正統なさまざまの宗派・教会や、これらの教会の違いを理解し、そのひとつを選び、その他を拒否することにほかならない。

なお、プロテスタント教会については、別に解説を書いたので、よければあわせて参照願いたい（橋爪大三郎「解説　アメリカのプロテスタント教会」、マーク・R・アムスタッツ『エヴァンジェリカルズ　アメリカ外交を動かすキリスト教福音主義』太田出版、二〇一四年）。

＊

本書を通読してみると、内村鑑三は、さまざまな宗派・教会の差異や教義について、まったくと言っていいほど、態度をはっきりさせられないでいることが見てとれる。キリスト教の複雑な内実に翻弄されている、よくいる多感な若者、といった感じがする。彼はキリスト教の定義すら、放棄している。これはまるで、マルクスに従う共産主義者であると自称しながら、エンゲルスもレーニンもトロツキーも、カウツキーもベルンシュタインもローザ・ルクセンブルグも、毛沢東も宇野弘蔵も、グラムシもアルチュセールも、日本共産党も共産同も革マルも中核も赤軍派も、理解せず読んだこともなく区別もつかないようなものである。それでいったい、共産主義者だと言えるだろうか。

したがって、本書の題名「いかにしてキリスト教徒になったか」とうらはらに、内村鑑三はキリスト教徒に、なりそこねたのかもしれない。

ではどうなったか。内村は、「日本流キリスト教徒」になった。その特徴は、第一に、キリスト教はなにかを定義しない（302頁）。第二に、キリスト教徒に変わる前の、日本の伝統（仏教や儒教や…）を残している。《キリスト教改宗者の中で最も優れた人々は仏教や儒教の本質的な部分をけっして捨てていない。》（305頁）第三に、外国の宗派・教会と絶縁し、日本国を愛して天皇を尊崇する。《神の摂理はわが国の国民のうちにもあるはずだという考えに感動する。…神は、二千年におよぶ鍛錬によって獲得されたぼくらの国民性がすべて欧米の思想に取って代わられることを望んでいない。…日＊＊は神の国であるという考えは、喜ばしく、励みになる。》（257頁）このようなキリスト教が世界で通用し理解されるのかどうか、私は知らない。しかし日本では受け入れられ、内村鑑三は日本を代表するキリスト者とみなされた。これは私には、たいへん奇妙なキリスト教に思われる。

内村鑑三のあり方を不思議と思わない日本のキリスト教は、それぞれの宗派・教会を解消して、大政翼賛会・日本基督教団に合体することに、表立った抵抗ができなかった。そして、戦争が終結し軍部が解体したあとでも、日本基督教団を解消しないまま現代に至っている。私から見ればこれは、キリスト教がなにかを定義せず、宗派・教会のあいだの論争を一切やらないことに等しい。こんなやり方のどこが、キリスト教の「正統派」なのだろうか。そういう奇妙さの原点が、内村鑑三の証言のなかに見てとれると思う。

＊

清新で倫理的で雄々しく知的で、開拓者の精神に満ちた偉大な存在。あるいは、未熟で防衛的でひ弱で頭でっかちで、無謀な冒険心で突っ走る危なっかしい青年。内村鑑三はそのどちらなのだろうか。実像は、その中間であろう。いやむしろ、その両方を兼ねそなえている不思議な存在が、内村鑑三なのではないか。

明治の日本は、西洋の価値観を、普遍的なグローバルスタンダードだと受け取った。しかし、それがほんとうに普遍的なのか、日本に固有の価値はないのだろうかと、釈然としない思いが残った。その疑問とためらいは、内村鑑三にも色濃くあらわれている。単に基督者であることを越えて、内村鑑三は、明治を生きた日本人たちの自画像そのものなのである。

内村鑑三年譜

一八六一年（文久元年）

三月二三日、高崎藩士の七人兄弟の長男として、江戸・小石川に生まれる。

一八六七年（慶応三年）　五歳

この頃、家族で高崎に移る。

一八七一年（明治四年）　一〇歳

廃藩置県を機に父が隠居。鑑三は地元の英学校で初めて英語を学ぶ。

一八七三年（明治六年）　一二歳

単身上京し、元久留米藩主、有馬頼咸《よりしげ》の創設した報国学社（通称・有馬学校）英学科に入学。

一八七四年（明治七年）　一三歳

東京外国語学校英語科に編入。同学校英語科は同年に分離して東京英語学校となる。病気療養のために一年休学したのち、新たに同級となった新渡戸稲造、宮部金吾らと知り合い、親交を深める。

一八七七年（明治一〇年）　一六歳

東京英語学校が東京大学予備門となる。学校にとどまれば東京大学へ進学する資格も得られたが、経済上の理由もあり、前年に開設された札幌農学校に二期生として官費で入学。水産学を専攻。札幌農学校では、すでにクラークら外国人教師の強い影響力のもとで学生たちのキリスト教への改宗が進んでいた。新渡戸、宮部に続き、内村も「イエスを信じる者の誓約」に署名し、ヨナタンを名乗る。

一八七八年（明治一一年）　一七歳

メソジスト教会のメリマン・ハリスより洗礼を受ける。

一八八一年（明治一四年）　二〇歳

七月、札幌農学校を卒業。北海道開拓使御用係として民事局勧業課に勤務。そのかたわら、札幌に宗派から独立した教会を建てる計画を練る。

一八八二年（明治一五年）　二一歳

一月、札幌独立キリスト教会を創設。六月に伝道に専念すべく公職を辞すが、一二月には農商務省水産課に勤務。

一八八四年（明治一七年）　二三歳

三月、前年に群馬の安中教会（新島襄が一八七八年に設立）で知り合った浅田タケと結婚するも、半年ほどで離婚。その後、私費で渡米。一一月下旬にサンフランシスコに到着。

一八八五年（明治一八年）　二四歳

アメリカ東部、フィラデルフィア郊外の知的障害児施設訪問。院長のはからいで看護人として勤務。アメリカ滞在中の新島襄の紹介でマサチューセッツ州のアマースト大学に特別に編入させてもらう。大学総長で牧師でもある

J・H・シーリーに強い影響を受ける。

一八八七年（明治二〇年）　二六歳
アマースト大学を卒業。理学士の学位を得る。シーリーの勧めもあり、コネチカット州のハートフォード神学校に入学する。

一八八八年（明治二一年）　二七歳
心身耗弱によりハートフォード神学校を退学し、五月に帰国。新島襄の仲介で新潟・北越学館に教頭として赴任するが宣教師たちと対立し、四カ月で辞職。東京へ。

一八八九年（明治二二年）　二八歳
一番町教会、東洋英和学校、明治女学校などで教鞭を執る。七月に旧高崎藩士の娘、横浜加寿子と結婚。

一八九〇年（明治二三年）　二九歳
第一高等中学校（現在の東京大学教養学部などの前身）の嘱託教員となる。

一八九一年（明治二四年）　三〇歳
一月九日、第一高等中学校の講堂で行われた教育勅語奉戴式において、明治天皇の署名を奉拝した際、最敬礼をせずに降壇。これが不敬とされ社会問題化する（いわゆる内村鑑三不敬事件）。本人は直後から流感のために病床にあったが、本人名で辞職願が出され、受理される。抗議への対応を引き受けていた妻、加寿子も流感にかかり、四月に死去。

一八九二年（明治二五年）　三一歳
各地の教会で講演活動したのち、大

阪・泰西学館に赴任。旧岡崎藩士の娘、岡田静子と結婚。本書『ぼくはいかにしてキリスト教徒になったか』が完成。

一八九三年（明治二六年）　三二歳

泰西学館を辞めて、四月に熊本英学校に赴任するも七月には辞職して京都に移り住む。執筆活動を開始。『基督信徒のなぐさめ』を出版。その中で初めて「無教会」という言葉が用いられた。無教会主義は、特定の教会主義からの脱却を目指す日本独自の信仰であり、これは内村の生涯を通じて貫かれた。

一八九四年（明治二七年）　三三歳

この頃から徳富蘇峰の雑誌「国民之友」に寄稿。『日本と日本人』（*Japan and Japanese*）が民友社から刊行される。後に『代表的日本人』（*The Representative Men of Japan*）と改題され、プロテスタント系出版社である警醒社から一九〇八年に刊行されることとなる。

一八九五年（明治二八年）　三四歳

五月、『ぼくはいかにしてキリスト教徒になったか』（*How I Became a Christian*）が日本で警醒社から出版される。一一月にはアメリカでも刊行される。

一八九七年（明治三〇年）　三六歳

黒岩涙香の要請で朝報社に入社。同社の発行する「萬朝報」の英文欄主筆となる。

一八九八年（明治三一年）　三七歳

朝報社を退社。「東京独立雑誌」を創刊。

一八九九年（明治三二年）　三八歳
淀橋町角筈の女子独立学校（後の精華高等女学校、現・東海大学付属望洋高等学校）の校長に就任。その敷地に居を移す。

一九〇〇年（明治三三年）　三九歳
「東京独立雑誌」を廃刊し、「聖書之研究」を創刊。

一九〇一年（明治三四年）　四〇歳
鉱毒問題が深刻になっていた足尾銅山を視察。これを人災とする記事を「萬朝報」に執筆。鉱毒事件について各地で講演。

一九〇三年（明治三六年）　四二歳
平和主義から日露戦争に反対する「戦争廃止論」を「萬朝報」に発表。世論を受けて同誌が開戦支持に回ると、幸徳秋水らとともに同誌と決別する。

一九〇四年（明治三七年）　四三歳
母死去。以後、キリスト教研究、キリスト者との交流を重視するようになる。

一九〇七年（明治四〇年）　四六歳
父死去。角筈から同じ淀橋町の柏木（現・新宿区北新宿）に居を移す。敷地内に実業家・今井樟太郎の寡婦の寄付で「今井館」と呼ばれる講堂が建てられる。

一九〇九年（明治四二年）　四八歳
第一高等学校の校長を務めていた新渡戸稲造の推薦状を持った学生グループが内村に入門。このグループを柏会と命名する。

一九一一年（明治四四年）　五〇歳
「デンマルク国の話」が柏会で語られる。

一九一二年（大正元年）　五一歳
長女ルツ子が原因不明の病で、一八歳で死去。これを機に「キリストの再臨」信仰が深まる。

一九一八年（大正七年）　五七歳
日本ホーリネス教会の中田重治、巡回伝道者の木村清松らと、超会派の再臨運動を開始。大阪、京都、東京などで講演を重ねる。

一九二三年（大正一二年）　六二歳
内村の弟子であった作家の有島武郎が人妻と心中した事件を痛烈に非難し、「萬朝報」に「背教者としての有島武郎氏」を掲載。

一九二八年（昭和三年）　六七歳
受洗五〇周年を記念し、新渡戸稲造らとともに青山墓地へメリマン・ハリス牧師の墓参りに行く。

一九三〇年（昭和五年）　六九歳
三月二八日、死去。遺言により「聖書之研究」が廃刊になる。

訳者あとがき

内村鑑三は一八六一年、高崎藩士で儒学者だった内村宜之の長男として江戸小石川に生まれた。幼少期から厳格な儒教教育を受けたが、語学の才能にも恵まれ、一八七三年、有馬学校英学科に入学、翌年には東京外国語学校に編入する。一八七七年、創立からまもない札幌農学校の第二期生として入学し、クラーク博士の残した「イエスを信じる者の誓約」に新渡戸稲造らとともに署名、翌年にはメソジスト教会宣教師ハリスによる洗礼を受けた。卒業後は開拓使（北海道および樺太の行政・開拓を司る機関）や農商務省水産課などに勤めたが、一八八四年に渡米。ペンシルヴェニア州エルウィンの知的障害児施設で看護人として勤務後、一八八五年九月にアマースト大学に入学。シーリー大学総長の感化を受け、改めて信仰を深めることになる。卒業後しばらくハートフォード神学校で学んだのち、一八八八年五月に帰国した。

帰国後、第一高等中学校（旧制一高）に嘱託教員として奉職するが、教育勅語に最敬礼を躊躇したことが不敬事件として騒がれ辞職。その後、流浪の身となり、大阪の泰西学館、熊本英学校、名古屋英和学校などで教えた。その間に『基督信徒のなぐさめ』（一八九三）を刊行して著述家の道に入り、続いて『求安録』（九三）『日本と日本人』（九四、のちの『代表的日本人』）を著した。さらに「萬朝報《よろずちょうほう》」や「東京独立雑誌」などで社会評論を執筆、足尾銅山鉱毒事件を攻撃し、日露開戦のときには信仰の立場から非戦論を貫いた。一九〇〇年に雑誌「聖書之研究」を創刊し、誌上や集会で無教会主義のキリスト教を説き、伝道を推し進めた。

　本書は内村がまだ八百万《やおよろず》の神を信じていた少年期から、十六歳で札幌農学校に入学した後キリスト教に入信し、二十三歳でアメリカに渡って二度目の回心を経験し、二十七歳で帰国するまでの体験と精神的成長の記録を中心とした半生記である。出版されたのは一八九五年五月、内村が三十四歳のときだから、ずいぶん若い時期に書かれたものだ。

　原文は百年以上前の明治の日本人が英語で書いたものなので、ところどころやや難解あるいは不明瞭な部分、ちょっと大げさな部分があるが、全体としてはとくに古さを意識せずに訳すことができた。光文社古典新訳文庫の方針に従って、できるだけわかりやすく自然な訳文を心がけたつもりだ。原文の若々しさと生真面目さが少しでも再現できていれば幸いである。

賛美歌や詩歌などの引用は、意味を伝えることを第一に考え、とくに韻を踏んだりはしていない。

信仰や教義についての記述は、八百万の神を信じる非キリスト教徒にとっては今ひとつよくわからない部分があるので、できるだけ簡単な訳注や補足を付した。

なお底本には警醒社発行の初版本を使用した。

最後に、いつものようにたいへんお世話になった光文社翻訳編集部のみなさまに、心よりお礼を申し上げます。

二〇一五年一月

本書では、黒人を指して「黒んぼ」、アメリカ先住民を指して「インディアン」という、人種や民族に対する差別に基づく、現代では用いるに好ましくない言葉が使われています。また、知的障害に対する誤った認識に基づく記述もあります。これらは物語が成立した一八九五年当時のアメリカ合衆国の社会状況と未成熟な人権意識に基づくものですが、そのような時代とそこに成立した本作を深く理解するためにも、編集部ではこれら差別的表現についても原文に忠実に翻訳することを心がけました。それが今日にも続く人権侵害や差別問題を考える手がかりになり、ひいては作品の歴史的価値および文学的価値を尊重することにつながると判断したものです。もとより差別の助長を意図するものではないということを、どうぞご理解ください。

編集部

光文社古典新訳文庫

ぼくはいかにしてキリスト教徒《きょうと》になったか

著者　内村《うちむら》 鑑三《かんぞう》
訳者　河野《こうの》 純治《じゅんじ》

2015年3月20日　初版第1刷発行
2025年2月5日　　　第2刷発行

発行者　三宅貴久
印刷　大日本印刷
製本　大日本印刷

発行所　株式会社光文社
〒112-8011東京都文京区音羽1-16-6
電話　03（5395）8162（編集部）
03（5395）8116（書籍販売部）
03（5395）8125（制作部）
www.kobunsha.com

落丁本・乱丁本は制作部へご連絡くだされば、お取り替えいたします。
ISBN978-4-334-75307-8 Printed in Japan

いま、息をしている言葉で、もういちど古典を

長い年月をかけて世界中で読み継がれてきたのが古典です。奥の深い味わいある作品ばかりがそろっており、この「古典の森」に分け入ることは人生のもっとも大きな喜びであることに異論のある人はいないはずです。しかしながら、こんなに豊饒で魅力に満ちた古典を、なぜわたしたちはこれほどまで疎んじてきたのでしょうか。

ひとつには古臭い教養主義からの逃走だったのかもしれません。真面目に文学や思想を論じることは、ある種の権威化であるという思いから、その呪縛から逃れるために、教養そのものを否定しすぎてしまったのではないでしょうか。

いま、時代は大きな転換期を迎えています。まれに見るスピードで歴史が動いていくのを多くの人々が実感していると思います。

こんな時わたしたちを支え、導いてくれるものが古典なのです。「いま、息をしている言葉で」――光文社の古典新訳文庫は、さまよえる現代人の心の奥底まで届くような言葉で、古典を現代に蘇らせることを意図して創刊されました。気取らず、自由に、心の赴くままに、気軽に手に取って楽しめる古典作品を、新訳という光のもとに読者に届けていくこと。それがこの文庫の使命だとわたしたちは考えています。

このシリーズについてのご意見、ご感想、ご要望をハガキ、手紙、メール等で翻訳編集部までお寄せください。今後の企画の参考にさせていただきます。
メール　info@kotensinyaku.jp